# 复合地层中
# 人工冻结施工技术及应用

张志良　竺维彬　岳丰田
范　雨　张　勇　刘　巍　著

中国矿业大学出版社
· 徐州 ·

## 内容简介

本书以广州地区复合地层轨道建设中的冻结法施工工程为基础，介绍了广州地区复合地层的冻结参数、基本理论和冻结法施工的特点，以及复合地层施工中的关键性技术问题。

本书可供从事岩土工程与地下工程学习和研究的院校师生及其他科技工作者参考。

**图书在版编目(CIP)数据**

复合地层中人工冻结施工技术及应用 / 张志良等著.
徐州：中国矿业大学出版社，2019.11
ISBN 978-7-5646-4462-8

Ⅰ.①复… Ⅱ.①张… Ⅲ.①隧道施工—冻结法施工
Ⅳ.①U455.43

中国版本图书馆 CIP 数据核字(2019)第 104759 号

**书　　名** 复合地层中人工冻结施工技术及应用
**著　　者** 张志良 竺维彬 岳丰田 范 雨 张 勇 刘 巍
**责任编辑** 吴学兵
**出版发行** 中国矿业大学出版社有限责任公司
(江苏省徐州市解放南路 邮编 221008)
**营销热线** (0516)83884103 83885105
**出版服务** (0516)83995789 83884920
**网　　址** http://www.cumtp.com **E-mail**:cumtpvip@cumtp.com
**印　　刷** 江苏凤凰数码印务有限公司
**开　　本** 787 mm×1092 mm 1/16 **印张** 11.75 **字数** 224 千字
**版次印次** 2019 年 11 月第 1 版 2019 年 11 月第 1 次印刷
**定　　价** 46.00 元

# 前　言

城市地下轨道交通系统以其高速安全、方便、大容量的特征，成为解决城市公共交通难题的优先选择。

冻结法应用于矿井建设的技术较成熟，而对于城市地下工程中的冻结法设计和施工技术研究较少，具体工程的设计和施工技术一般都借鉴矿井建设中的冻结技术，缺少针对性的设计和施工技术研究。而冻结法施工形成的冻结帷幕的物理力学性质与土层的性质密切相关，需要对城市地下工程冻结法施工涉及的土层进行实验室测试，获得相应土层的相关参数。同时考虑到冻结帷幕材料的蠕变特性，受力特性与传统的混凝土材料差别较大，传统的设计手段和方法得到的设计结果与实际情况差别较大，需要在设计中采取与冻结帷幕的蠕变特性相适应的计算方法。

冻结法施工是市政工程施工过程中风险较大的施工方法，施工工序复杂，工序转换快，为规范施工，保证施工安全，需要完成冻结法施工规范的研究，实现冻结法应用于城市市政工程的设计、施工及工程质量监督检查验收的科学化、规范化。

针对冻结法灵活方便、适应地层广的特点，通过理论分析、数值模拟、室内实验、大型模型试验、工程试验及工程应用研究等手段，在冻结加固的设计计算理论、施工工艺技术、冻胀、融沉控制问题等方面进行系统的试验研究，形成水平冻结法基础理论、工程设计、施工技术、工艺控制等一系列研究成果。

本书的特点如下：

(1) 全书主题鲜明，内容全面，言简意赅。

(2) 全书内容基于试验及工程实践，结合广州实际工程开展理论研究，注重工程实用性、适用性。

(3) 对广州地区的工程实例加以详细叙述，为今后广州地区复合地层工程建设提供参考。

本书的出版对我国冻结工程领域的设计和施工具有较高的指导意义，将进一步推动人工冻结法在地下工程建设中的应用。

由于编者水平所限，加之时间仓促，书中难免存在疏漏之处，殷切希望广大读者批评指正，也欢迎业内人士共同探讨。

作　者

2019 年 9 月

# 目　录

# 第1章　绪　论

## 1.1　人工地层冻结法概述

土体是一个多相和多成分混合体系，由水、各种矿物质和化合物颗粒、气体等组成，而土中的水又可有自由水、结合水、结晶水几种形态。人工地层冻结法是利用冷媒循环进行热交换从而降低土体温度，使含水土层冻结以形成完整性好、强度高、不透水的临时加固体，达到加固地层、抵抗地层压力并隔绝地下水联系目的的一种土木工程特殊施工技术。

土体冻结先是在每个冻结管的周围形成以冻结管为中心的降温区，分为冻土区、降温区、常温土层区。在靠近冻结管的周围，温度呈同心圆状分布的特征，但越向远处，该特征越不明显，由于土体中水-冰之间的相变作用，土体中的温度分布曲线在相变温度点出现平台，据此可划分出冻结区和未冻区，地层中温度曲线呈对数曲线分布。冻土的形成是一个物理力学过程，随着温度的降低，冻土的强度逐渐增大。

人工地层冻结的目的主要是增强土层的稳定性、减小变形和隔断地下水，传统也是较普遍的人工地层冻结方法是采用工业盐水的间接制冷法，具体工艺流程是将盐水用氨压缩方法制冷后，作为冷媒在土体内埋设的管道中循环，吸收土体热量，增加自身显热，不断循环制冷，直到土体冻结，达到加固和稳定土体的目的。发展和使用较晚的人工地层冻结方法还有直接制冷法，即不需循环制冷，使用液氮或干冰等在土体内发生相变，直接吸收土体热量，使土体降温以致土中水分冻结，形成冻土体。采用液氮的直接制冷法具有深低温、冻结速度快、冻结强度高、无污染等优点，近年来受到关注并越来越多地被用于人工土冻结。

目前，人工地层冻结法作为软土地区地下结构临时支护和地基加固的一项成熟技术，在井矿工程、地基临时加固、地下水污染控制、废弃物掩埋等领域已有广泛应用，特别是其在应对淤泥、流沙等不稳定含水层方面的优越性，也越来越受到工程界的广泛关注和重视。

## 1.2 人工地层冻结法的应用历史

人工冻结的应用和研究是以天然冻结条件下冻土的物理力学性质研究为基础，随着人工冻结凿井逐步发展起来的。英国工程师南威尔士于1862年在建筑基础施工中首次使用了人工冻结技术加固地层。1883年德国工程师Poetsch提出人工地层冻结（artificially ground freezing method）原理，成功应用于阿尔里德九号井凿井工程，并申请获得冻结凿井技术专利。

人工冻结技术在城市土木工程中的应用始于1886年瑞典24 m长人行隧道建设工程。在此后的一个多世纪里，人工冻结技术在许多国家的煤矿、隧道、地铁、建筑基础、工程抢险和环境保护等领域中得到不断应用和发展，并且成为许多工程唯一可选的方法。

1979年美国采用冻结法施工了地下核电站基坑和直径40 m、深6 m的烟囱基础。英国伦敦市郊地下液态瓦斯库，采用冻结法围护施工直径40 m、深度40 m的基坑，由于基坑底部处于透水层中，冻结施工时，基坑内设置了20个冻结管进行基底局部冻结。

20世纪70～80年代，苏联应用冻结法施工城市地铁、矿井和其他工业建筑的大型工程达200余项，包括莫斯科、圣彼得堡、基辅等城市地铁进站大厅35座、隧道工程35项，同时在高138.5 m、重270 000 MN大楼基坑开挖支护中采用冻结法并获得成功。

日本从1962年开始在岩土工程中应用人工地层冻结技术，随后20年中施工了约250项冻结工程，其中通过河流、铁路、公路和其他构筑物下的隧道工程、支承明挖的墙体工程、与盾构施工有关的工程和其他工程分别占20.2%、9.8%、66.9%和3.1%。

从20世纪中叶起，波兰、德国、法国、比利时、意大利、奥地利、挪威、西班牙、芬兰、澳大利亚、法国、荷兰、加拿大等国家相继开展了人工冻结技术的应用研究，该技术日益受到重视。近年来，美国、日本、韩国等国正在研究将人工冻结技术用于核废料处理工程中，这对于防止核废料的环境污染具有重要意义。

我国于1955年首次在开滦林西风井使用盐溶液冻结法凿井并获得成功。之后经过40多年的实践，培养了一批具有一定技术水平的冻结凿井施工、设计队伍。20世纪60年代末，北京一期地铁大开挖工程中，曾试用冻结法作护坡工程,长度达 90 m,挖深 20～22 m。此后从 80 年代中期开始,随着我国地下工程的增多,冻结法逐渐由矿山工程向城市各类工程推广应用,完成了几例基坑工程和北京、上海地铁的多项隧道水平冻结工程。1993 年起,在上海地铁联络通道施工的地层加固、上海大连路和复兴路越江隧道的进出洞、上海地铁体育馆段盾构出口撤除工程、长沙路泵站地下工程中采用了冻结法。其他工程如内蒙古海拉尔水泥厂地下卸矿室及皮带走廊工程、安徽凤台淮河大桥主桥墩基础工程、江西九江虎口大桥桥墩工程、广州丫髻沙大桥桩基处理工程等也采用了冻结法,在润扬长江公路大桥南岸悬索南锚碇基坑的施工中,也采用冻结施工法进行施工,其主要目的是在锚碇基坑的周围形成可靠的挡水墙,利用冻土墙止水的特点,确保基坑内施工的安全性。

在城市地铁隧道的建设施工中,人工冻结法基本不受支护范围和支护深度的限制,能有效防止涌水以及城市挖掘、钻凿施工中相邻土体的变形,不影响城市的正常运行,因此在各国的市政工程中有着广泛应用。在我国,冻结法作为一种特殊工法,也越来越广泛地被应用于立井工程、盾构对接、旁通道施工、盾构进出洞、基坑工程、管线工程、隧道工程、废弃物掩埋等领域。自 20 世纪 90 年代初冻结法用于上海的城市地下工程以来,随着我国城市地下工程的发展,在城市地下工程中,特别是在城市地铁区间隧道旁通道、盾构进出洞、既有建筑物下穿、临时抢险等施工中得到了广泛的应用。

## 1.3 广州地区复合地层中的冻结法应用

在广州地铁的建设过程中,盾构进出洞、区间隧道联络通道等条件比较复杂的地下通道、出入口的施工中,以及施工中出现意外情况而进行应急处理时,都可以采用人工冻结法加固土体,配合其他施工方法,来完成结构的施工。数十年的施工经验和其他城市市政工程中冻结法的成功应用表明,人工冻结法可以有效解决广州地铁建设中遇到的其他施工方法很难解决的技术难题。但是冻结法的应用受到地层基本参数的影响明显,针对不同的地质条件需要做专门的研究,以便有针对性地进行设计和施工组织,完成冻结的施工过程。同时,冻结法是市政工程施工过程中风险较大的施工方法,施工工序复杂,工序转换快,为规范施工,保证施工安全,需要完成冻结法施工规范的研究,实现冻结法应用于城市市政工程的设计、施工及工程质量监督检查验收的科学化、规范化。随着广州地铁建设规模的扩大,工程穿过复合地层,越来越多地需要采用冻结法施工,例如:

(1) 广州地铁 3 号线天河客运站折返线长距离水平冻结。

(2) 广州地铁 6 号线坦尾站至如意坊站区间暗挖段水平冻结加固。

(3) 广佛线普君北路站至朝安站区间隧道管片处理冻结封水工程。

(4) 广州地铁 2 号线南浦站至洛溪站区间联络通道冻结法施工。

(5) 广州地铁 6 号线长湴站至植物园站区间联络通道冻结法施工。

(6) 广州地铁 6 号线文化公园站隧道修复冻结工程。

上述实例证明,广州地区富水砂层等复合地层的冻结特性与应用冻结法较多的上海地区软土冻结特性差别较大,需要专门研究,才能解决未来冻结法在广州地区较大范围应用的工程安全、工程工期、工程质量等系列问题。

本书是针对复合地层特点开展冻结法设计、施工关键技术研究而获得的技术成果,可供相关工程技术人员借鉴和参考。

# 第 2 章　复合地层的冻结参数

冻土是由各种成分组成的复杂的天然多相体系，其基本成分包括固体矿物颗粒、冰、水(包括未冻水和强结合水)和水汽。其中，冰是构成冻土的必需成分，与土的固体颗粒相比，冰是一种物理及化学性质极为特殊、与土层很不一样的低温物体。只有在一定条件下，如一定体积的冻土中，土的各相成分不随时间重新分布时，冻土才被认为是单一成分体。

与融土相比较，冻土具有较高的强度和不透水性，所以人工冻结形成的冻土围护的方法得到了广泛的应用。计算冻结帷幕的尺寸时，尤其是在水文地质条件复杂的情况下，需要获取冻土的基本物理力学参数。

反映冻土各部分(颗粒骨架和它们的聚集体、冰和未冻水)之间相互作用的黏结力，是影响冻土抵抗外载能力的主要因素。对冻土来说，由冰形成的胶结力有着重要的意义。一般可认为冻土黏结力由以下几部分组成：

(1) 自身分子黏结力

该力由被未冻水分开的基本颗粒和它们的聚集体之间的吸引力所决定。黏结力的这一部分取决于其散碎度和土壤的密度。

(2) 结构黏结力

这是在冻土形成(生成和固结)过程中各种自然现象造成的结果。这一黏结力有着很重要的意义，能保证冻结结构的稳定，当冻土的天然结构被破坏时，这一黏结力也就基本消失。

(3) 由冰胶结形成的黏结力

这部分黏结力最不稳定，随着土壤温度的波动，其值会急剧变化，在冻土融化时，此黏结力就完全消失。

冻土承载能力取决于温度(主要因素)，随着温度的降低，由于其结构和水聚集状态的改变，冻土抗力增长。这时，不仅水分子自身聚集体之间的联结在改变，而且水与矿物骨架和冰之间的联结、冰胶结土壤的强度都在改变。降温时，土中含冰量增加，其强度和胶结能力也相应增大。

冻土的物理力学性质还受到土壤的颗粒级配、矿物化学成分、与冰共存的末冻水量、构造和结构特性等因素的影响。

## 2.1 人工冻土单轴抗压强度

冻土属于流变体，其单轴抗压强度是由冰和土颗粒胶结后形成的黏结力和内摩擦力所组成，与冻土的生成环境和过程、外载大小和特征、温度、土的含水量、含盐量、土性和土颗粒组成等因素有关。其中，温度、土性、生成环境和加载过程是影响冻土强度的主要因素。

### 2.1.1 试样的制备

从冻结施工区域取土，在实验室完成冻土的基本物理力学性质的测试，掌握施工区域内冻土的基本物理力学性质。选取广州地区冻结法施工涉及的1-1 杂填土及 2-1 淤泥质粉细砂地层，钻孔取原状土样，使用专用的土样取样筒盛放，密封后运至实验室，开始试验。

将从现场运回的土样在－30 ℃下冻结 6～8 h 后，按标准要求切削成规定的试样，制备的方法按《人工冻土物理力学性能试验 第 1 部分：人工冻土试验取样及试样制备方法》(MT/T 593.1)的规定进行。在负温实验室内，小心开启原状土包装，辨别土样上、下层次，用钢锯平行锯平土样两端。用削土刀、切土盘和切土器将土块修整成型，使其符合 MT/T 593.1 的规定。试样制备过程中，细心观察土样的情况，并记录它的层位、颜色、有无杂质、土质是否均匀和有无裂缝等。制备好的试样密封后在试验温度下保持 24 h 以上，供试验用。试验试样的制备过程具体见图 2-1～图 2-4。

图 2-1 原状土试样的制备过程

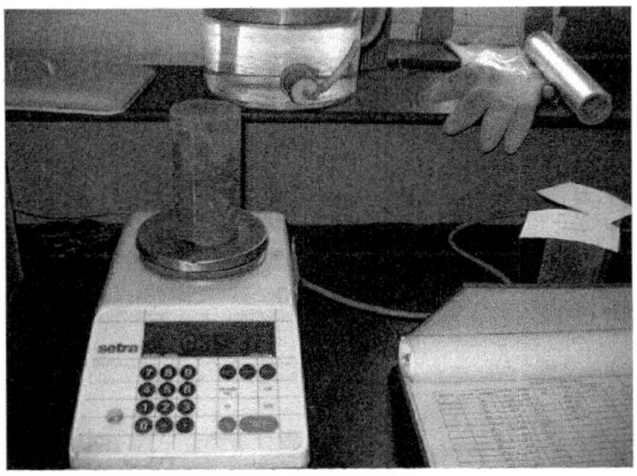


图 2-2 原状土试样的称重过程

图 2-3　制备好的试验试样

图 2-4　试样的密封保温

### 2.1.2　试验具体要求

（1）试验的加载速率

根据试验标准，试验使用单轴应变速率控制式加载，试样轴向应变速率控制为 0.1%/s。

（2）试验温度要求

每个试验温度下的试件要求在试验温度下保温 24 h 以上，方可进行试验，以保证冻土试件温度的均匀性。

试验过程在设定的试验温度下进行，保温和进行试验的温度波动不超过 ±0.2 ℃。

（3）试验的加载要求

试验过程中加载时，通过测量和调整，保证冻土试件轴线与试验机加载轴线基本重合，避免偏心加载。

（4）试验结束的标准

当力值达到峰值稳定或下降时，再继续增加 3%～5% 的应变值，停止试验。当力值一直增加时，则试验进行到轴向应变大于 20%时停止。

### 2.1.3　试验过程

按照冻土试验标准要求，在低温环境中进行冻土的单轴抗压试验，试验过程的照片见图 2-5～图 2-9。

### 2.1.4　试验结果

试验温度在 −10 ℃时，人工冻土的单轴抗压强度试验数据见表 2-1。

图 2-5　冻土单轴抗压强度测试仪器

图 2-6　冻土单轴抗压强度测试过程

图 2-7　冻土单轴抗压强度测试过程中的试样

图 2-8　试验结束时的破坏试样

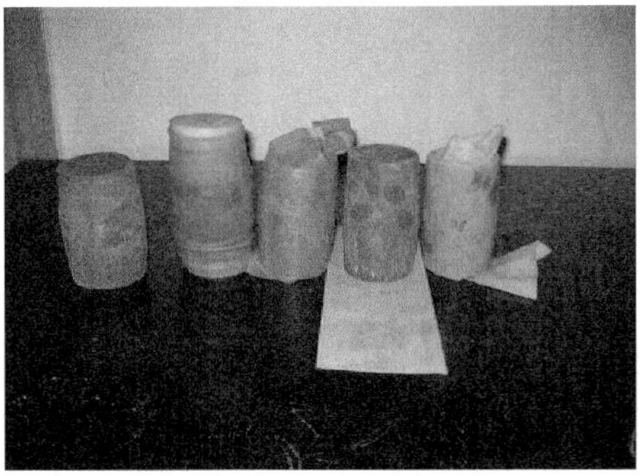

图 2-9　试验后的试样破坏形式

**表 2-1　人工冻土单轴抗压强度汇总表(−10 ℃)**

| 试样 | | 含水量/% | 抗压强度(平均值)/MPa | |
|---|---|---|---|---|
| 杂填土 | 1-1-1 | 32.5 | 8.48 | (7.42) |
| | 1-1-2 | 32.5 | 6.43 | |
| | 1-1-3 | 32.5 | 7.37 | |
| 淤泥质粉细砂 | 2-1-1 | 32.5 | 10.10 | (9.86) |
| | 2-1-2 | 32.5 | 10.30 | |
| | 2-1-3 | 32.5 | 9.48 | |

### 2.1.5　应力-应变曲线

试样在试验过程中的应力-应变曲线见图 2-10～图 2-15。

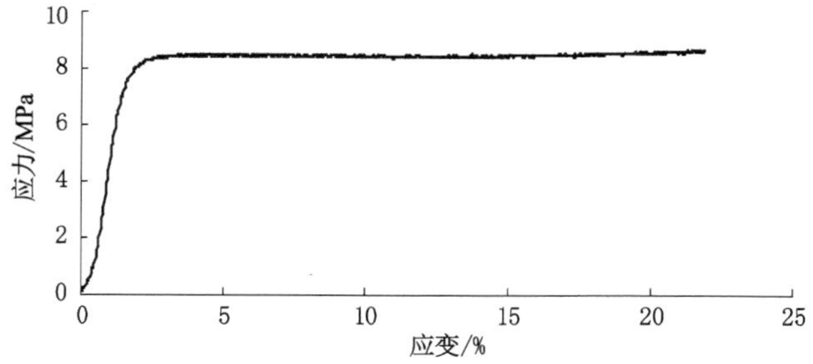


图 2-10　试样 1-1-1 应力-应变曲线

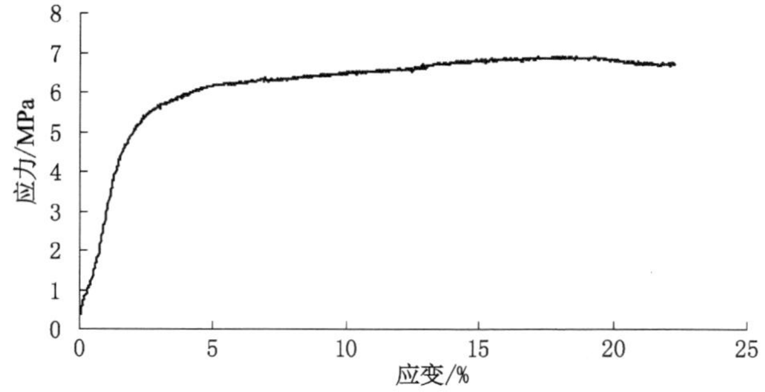


图 2-11　试样 1-1-2 应力-应变曲线

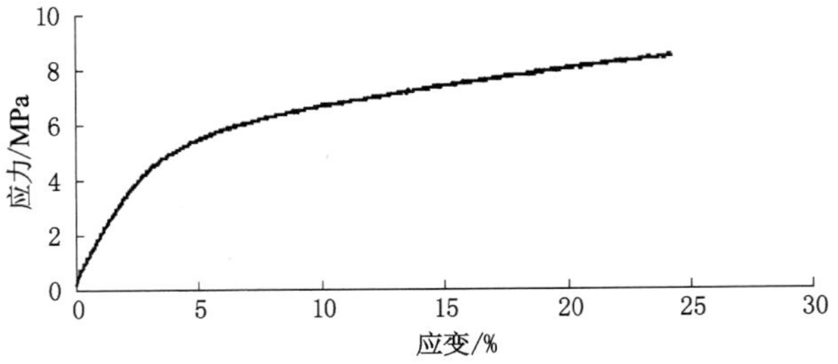


图 2-12　试样 1-1-3 应力-应变曲线

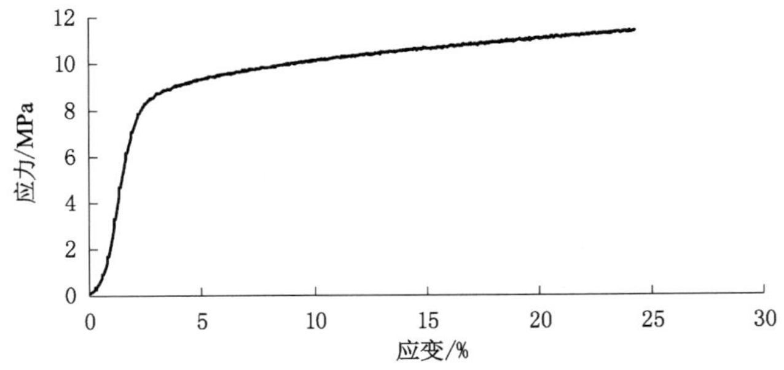


图 2-13　试样 2-1-1 应力-应变曲线

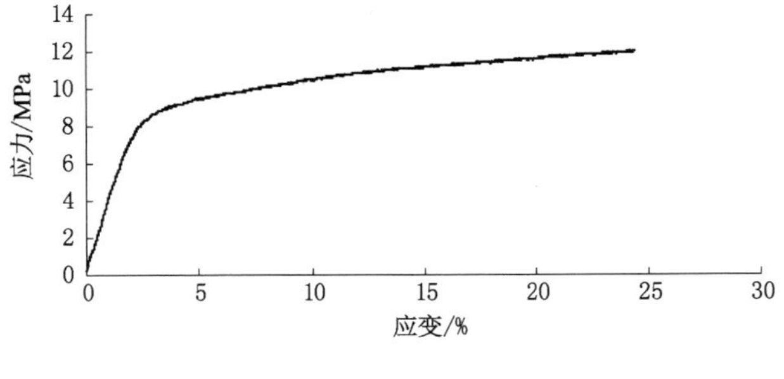


图 2-14　试样 2-1-2 应力-应变曲线

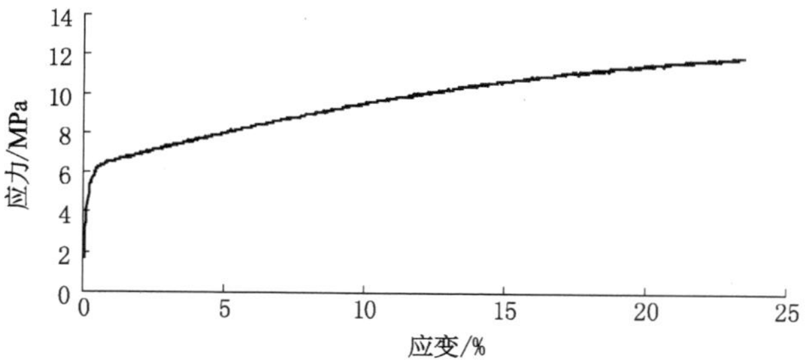


图 2-15　试样 2-1-3 应力-应变曲线

## 2.2　人工冻土弹性模量

人工冻土弹性模量的测试，根据单轴抗压强度的试验数据，绘制应力-应变曲线，一般取应力-应变曲线的准线性段的斜率作为冻土的弹性模量。

人工冻土弹性模量试验数据见表 2-2。

表 2-2　人工冻土弹性模量汇总表

| 土层编号 | 土层名称 | 试验温度/℃ | 含水量/% | 弹性模量/MPa |
|---|---|---|---|---|
| 1-1 | 杂填土 | −10 | 32.5 | 213 |
| 2-2 | 淤泥质粉细砂 | −10 | 32.5 | 185 |

## 2.3　人工冻土弯拉强度

市政工程中人工冻结法的应用就是利用人工冻土冻结形成的帷幕结构抵抗外部的水土压力，进行内部空间的开挖。冻结帷幕结构一般也承受拉应力，参照日本相关技术标准，进行冻土的弯拉强度测试试验。

### 2.3.1　弯拉强度试验要求

由于冻土弯拉强度测试的试样尺寸较小，使用原状土样切削成冻土弯拉强度试验标准要求的试样时，对土样的扰动较大，不能满足试验的要求，因此一般仅进行重塑土的冻土弯拉强度测试试验。试验的具体要求为：

（1）试验试样的规格

试验试样的规格为 40 mm×40 mm×160 mm，同时保证土样中的最大颗粒粒径小于试样最小尺寸的 1/10。要求外形尺寸误差小于 1.0%。

（2）试验的加载方法

试验采用双压头加载，下部支撑压头间距为 120 mm，上部加载压头间距为 40 m，进行试验时，控制上部压头处于下部支撑压头的中间位置。

（3）试验的加载速度

试验使用应变速率控制式加载，试样竖向加载速率控制为 1.0 mm/min。

（4）试验温度要求

每个试验温度下的试件要求在试验温度下保温 24 h 以上，方可进行试验，以保证冻土试件温度的均匀性。

试验过程在设定的试验温度下进行，保温和进行试验的温度波动范围不超过±0.2 ℃。

（5）试验的加载要求

试验过程中加载时，通过测量和调整，保证冻土试件中心线与试验机加载轴线基本重合，避免偏心加载。

（6）试验结束的标准

试验发生断裂破坏时，试样破坏后停止试验。如果试样不发生断裂破坏，待荷载达到峰值或稳定后，再继续增加 1～2 mm 的位移值，停止试验。

## 2.3.2 试样的制备

重塑土指的是土样取出后经重新制备后其胶结性、密度和结构等物理性能有所改变的土样。负温重塑土试样是由原状土经烘干、破碎、配土、加工成型，在负温冻结而成的冻土试样。

重塑土冻土单轴抗压强度测试的试样，其制备方法按 MT/T 593.1 的规定进行。将土样切碎，在 105～110 ℃温度下恒温烘干，放入干燥器中冷却至室温。将烘干、冷却的土样进行破碎（切勿破碎颗粒）。根据土样天然含水量，对干土进行配水（或加冰晶），并搅拌均匀，密封后放入保湿器内养护 24 h 以上。彻底清洗模具，并在模具内表面涂上一层凡士林，分次均匀地将土样放入模具击实。将试样在所需试验温度下脱模，并用修土刀修整。将制备好的低温重塑土试样贴上标签（标明来源、层位、重量、日期等），装入塑料袋内密封，置于所需试验温度下恒温养护，在 24～48 h 内可用于试验。

重塑土冻土弯拉强度测试的试样，参照日本相关技术标准进行。试样制备情况见图 2-16～图 2-20。

图 2-16　弯拉强度试样的模具

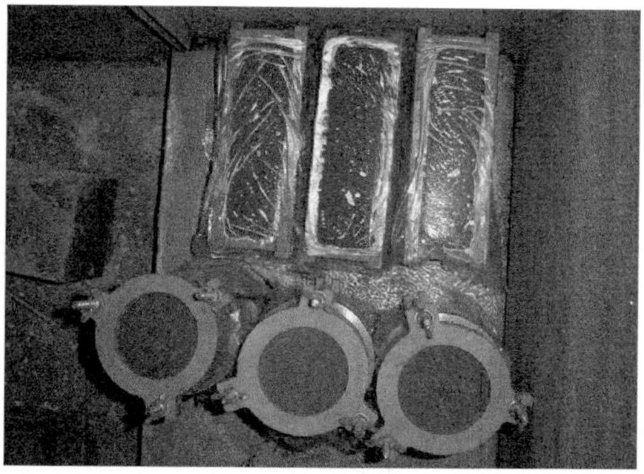

图 2-17　试样的冻结过程

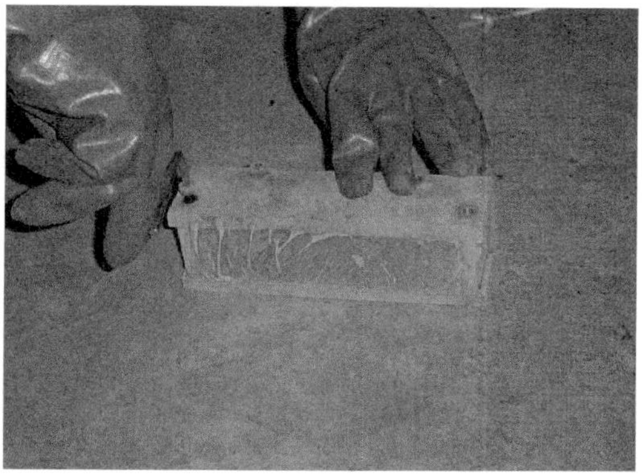

图 2-18　试样的拆模过程

图 2-19　试样的拆模和编号

图 2-20　试样的保温

### 2.3.3　试验过程

按照试验的要求和相应的技术标准，在低温恒温环境中完成冻土的弯拉试验。试验过程的照片见图 2-21～图 2-25。

### 2.3.4　试验结果

试验获得在－10 ℃条件下试样的弯拉强度见表 2-3。

图 2-21　弯拉试验的加载设备

图 2-22　弯拉试验过程

图 2-23　弯拉试验的试样出现裂缝

图 2-24　弯拉试验试样的脆性破坏

图 2-25　弯拉试验试样的破坏

**表 2-3　试样弯拉强度试验结果**

<table>
<tr><th colspan="2">试样</th><th>含水量<br>/%</th><th>试验温度<br>/℃</th><th>弯拉强度<br>/MPa</th><th>平均弯拉强度<br>/MPa</th><th>破坏挠度<br>/mm</th><th>平均破坏挠度<br>/mm</th></tr>
<tr><td rowspan="3">杂填土</td><td>1-2-1</td><td>32.5</td><td>−10</td><td>2.97</td><td rowspan="3">3.60</td><td>7.48</td><td rowspan="3">5.60</td></tr>
<tr><td>1-2-2</td><td>32.5</td><td>−10</td><td>3.89</td><td>4.95</td></tr>
<tr><td>1-2-3</td><td>32.5</td><td>−10</td><td>3.93</td><td>4.38</td></tr>
<tr><td rowspan="3">淤泥质<br>粉细砂</td><td>2-2-1</td><td>32.5</td><td>−10</td><td>6.78</td><td rowspan="3">6.15</td><td>2.60</td><td rowspan="3">2.68</td></tr>
<tr><td>2-2-2</td><td>32.5</td><td>−10</td><td>6.02</td><td>2.73</td></tr>
<tr><td>2-2-3</td><td>32.5</td><td>−10</td><td>5.67</td><td>2.71</td></tr>
</table>

### 2.3.5 应力-应变曲线

试验过程中典型的应力-应变曲线见图 2-26～图 2-31。

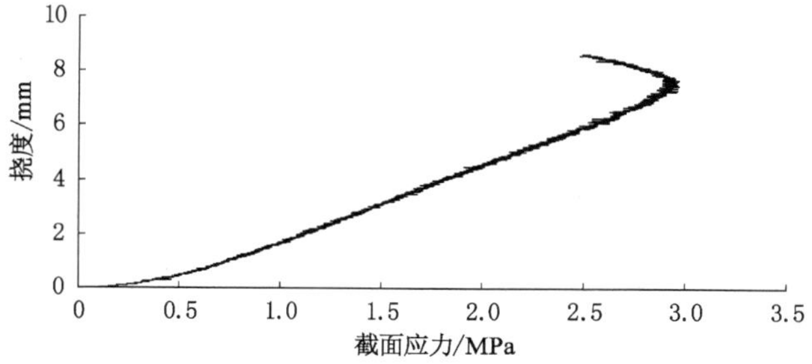


图 2-26　土样 1-2-1 弯拉强度与变形关系

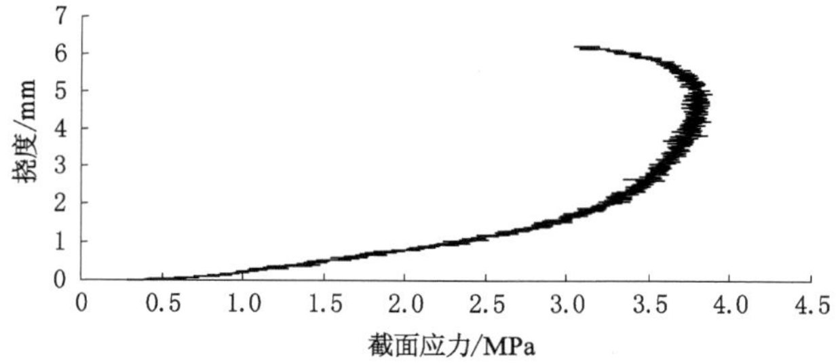


图 2-27　土样 1-2-2 弯拉强度与变形关系

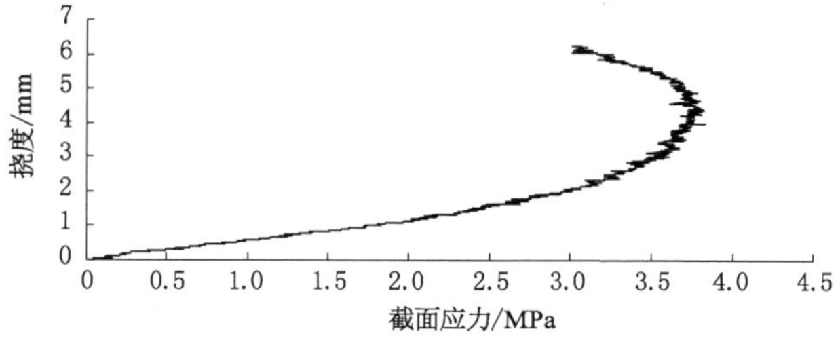


图 2-28　土样 1-2-3 弯拉强度与变形关系

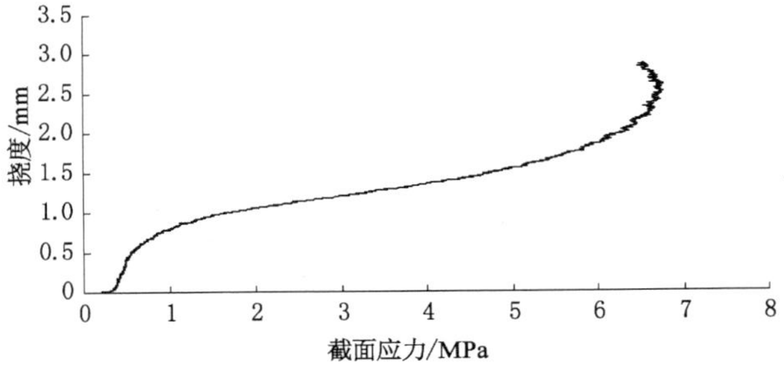


图 2-29　土样 2-2-1 弯拉强度与变形关系

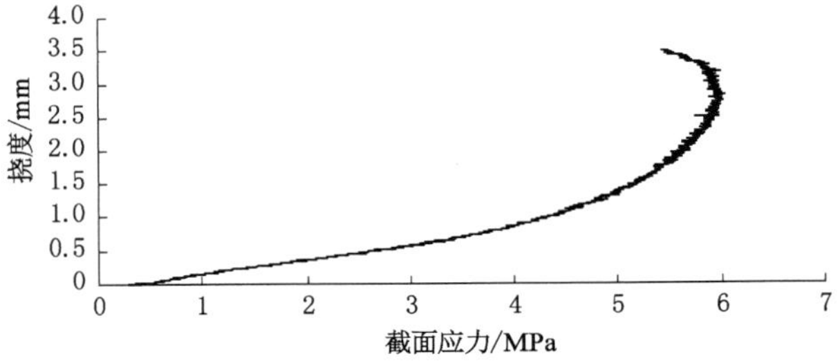


图 2-30　土样 2-2-2 弯拉强度与变形关系

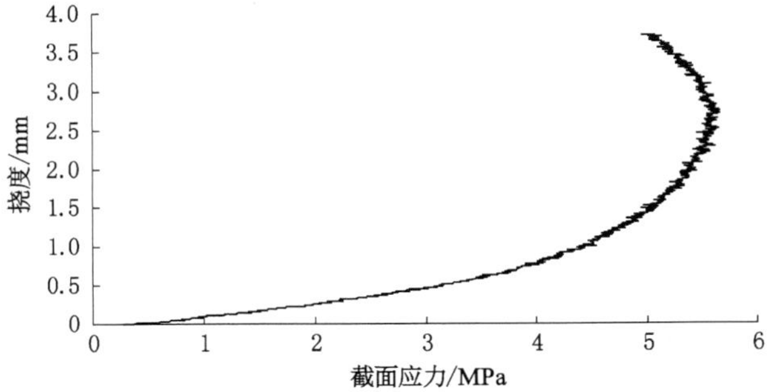


图 2-31　土样 2-2-3 弯拉强度与变形关系

## 2.4　人工冻土导热系数

人工冻土是由矿物颗粒、冰、未冻水和气体所组成的四相物体，冻土和未冻土的热物理性质有很大的区别，这是由土中水处在不同的相态时或者正在发生相变时的特性所决定的。人工冻土的导热系数和融土的导温系数对冻土及地下工程冻结加固中温度场的形成、温度场的特征、热量的传递、温度应力的计算等都是非常重要的。一般而言，冻土的导热系数和融土的导温系数不是恒定的，除了与土的性质有关外，还受到土的结构、组成、温度等诸多因素的影响，是一个比较复杂的问题。

当温度梯度为 1 K/m 时，单位时间内通过单位面积的热量称为导热系数，其单位为 W/(m・K)。它是反映冻土传热难易的指标。

冻土的导热系数受土性、含水量变化的影响较大。当土性相同时，含水量越大，导热系数也越大。

### 2.4.1　试验主要仪器

冻土导热系数测试装置主要由恒温系统、测量系统和试样盒等组成。

恒温系统由两个尺寸为 50 mm×50 mm×200 mm、厚度为 5 mm 的平整铜板的恒温箱及两台低温循环冷浴组成，分别提供两种不同的负温环境。

试样盒外部尺寸为 25 cm×25 cm×5 cm，分别由两块 25 cm×25 cm×0.5 cm 的平整铜板和 25 cm×5 cm×0.3 cm 的胶木板组成，上端面开口并加盖，铜板内壁中心安装热电偶测温端。测试时，共两个试样盒，一个装入石蜡作为标准样品，其导热系数为 0.279 W/(m・K)，另一个装入待测试样。测量系统由热电偶、数据自动采集仪等组成。

### 2.4.2　导热系数测试过程

土的导热系数是直接测定的。将土样风干，按设计含水量配比后，润湿 24 h，装入试样盒并加盖。将标准待测试样盒装入恒温箱内并保温，连接测温系统。开启低温循环冷浴，分别在设定温度循环 8 h 后，每 10 min 测定一次标准试样和待测试样中两壁的温度，连续 3 次同一点温度差值<0.1 ℃时，停止试验。

土的导热系数按下式计算：

$$\lambda = \frac{\lambda_0 \Delta\theta_0}{\Delta\theta} \tag{2-1}$$

式中 $\lambda$——土的导热系数，W/(m·K)；

$\lambda_0$——石蜡的导热系数，W/(m·K)；

$\Delta\theta_0$——石蜡样品盒中两壁间温度差，K；

$\Delta\theta$——待测样品中两壁间温度差，K。

测试土样见图 2-32，测试过程见图 2-33。

图 2-32　冻土导热系数测试土样

图 2-33　冻土导热系数测试过程

### 2.4.3　导热系数测试结果

冻土的导热系数分别在正温和负温下进行测试，正温取室温 22 ℃，负温取－10 ℃，将土的导热系数测试结果列于表 2-4 中。

表 2-4　土的导热系数汇总表

| 土层编号 | 土层名称 | 含水量/% | 导热系数/[W/(m·K)] | |
|---|---|---|---|---|
| | | | 正温 | 负温 |
| 1-1 | 杂填土 | 32.5 | 1.12 | 1.85 |
| 2-2 | 淤泥质粉细砂 | 32.5 | 1.08 | 1.83 |

## 2.5　人工冻土泊松比

### 2.5.1　试样的制备

冻土泊松比测试的试样，其制备方法按 MT/T 593.1 的规定进行。

试验试样的规格为 $\phi$61.8 mm×125 mm，同时保证土样中的最大颗粒粒径小于试样最小尺寸的 1/10，外形尺寸误差小于 1.0%，试样两端面平行度误差不大于 0.5 mm。试样制备见图 2-34 和图 2-35。

图 2-34　冻土泊松比测试试样的拆模

图 2-35　制备好的试样

## 2.5.2　试验过程

土样泊松比是由直接测定法实测的，即在施加轴向荷载过程中测量冻土试样的径向应变和轴向应变，然后计算其比值即为泊松比。由于温度变化对冻土泊松比和影响较小，因此仅进行－10 ℃下冻土泊松比测试。试验过程见图 2-36，试验结束后破坏的试样见图 2-37。

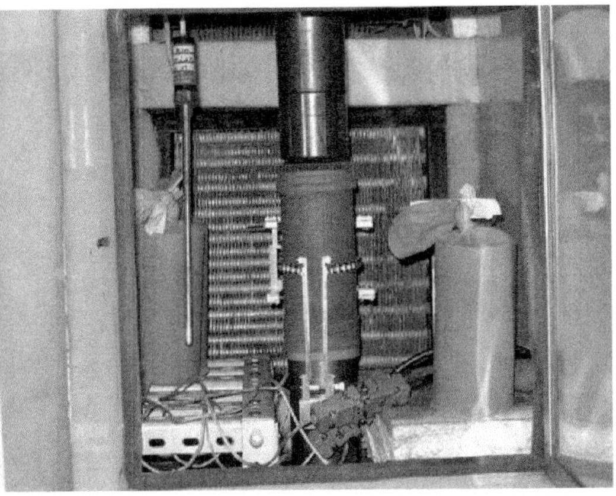

图 2-36　泊松比的试验过程

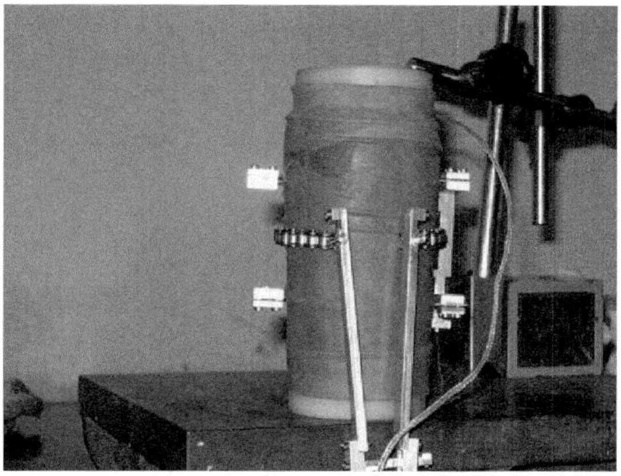

图 2-37　试验结束后破坏的试样

### 2.5.3　试验结果

人工冻土泊松比测试数据见表 2-5。

**表 2-5　−10 ℃冻土泊松比测试数据**

| 土层编号 | 土层名称 | 含水量/% | 泊松比 |
| --- | --- | --- | --- |
| 1-1 | 杂填土 | 32.5 | 0.23 |
| 2-2 | 淤泥质粉细砂 | 32.5 | 0.19 |

## 2.6　人工冻土冻胀率

冻结法由于适应性广、技术可靠，在市政工程中的应用越来越广泛。但由于土的冻胀是一个物理力学过程，在冻结过程中水热状态发生变化，引起土中应力-应变的变化，使得土在冻结过程中产生冻胀及融沉现象。而冻胀和融沉经常会引起周围建筑物和管线的变形、破坏等问题，使其对冻结周围的环境产生影响，甚至会造成灾难性事故，给国民经济造成巨大的损失。因此，研究土体的冻胀与融沉十分必要，具有很强的现实意义。随着城市地铁建设的发展，越来越多的地铁隧道穿越城市繁华地段，建筑物密集，对地面变形提出更高的要求，因此更有必要对土体冻结产生的冻胀和融沉进行研究。

当土体温度达到土中水结晶点时，土中水便开始冻结，伴随着土中空隙水和外界水源的补给而形成冰晶体，引起土体体积增大，导致地表不均匀抬升，产生冻胀现象。停止冻结后，冻结后的土体便开始融化，伴随着土体中冰晶体的消融，出现沉陷，发生融沉现象。

评价土体冻胀及其对周围地下结构或构筑物的影响，通常采用冻胀率和冻胀力指标。冻胀率定义为冻胀量增量和冻结深度增量的比值，而冻胀力定义为土体冻结膨胀受约束而对周围结构或构筑物产生的力。

影响土体冻胀和融沉的因素有很多，其中土的分散性是反映土体冻胀性的重要指标，土粒子的矿物成分和交换离子特性直接影响到土粒子表面的物理化学特性；土中水分是冻胀的首要条件，而水分多少则是影响冻胀的基本因素；低温是冻胀产生的必要条件之一，同时上部荷载会直接对冻胀产生抑制作用。

冻土试样的冻胀率是指在无侧向变形条件下，经单向冻结，其纵向高度增量与试样原高度的比值。

### 2.6.1 试样的制备

冻土冻胀率试验的试样制备按《人工冻土物理力学性能试验 第 2 部分：土壤冻胀试验方法》(MT 593.2)相关要求进行，试样采用圆柱体，直径为 100 mm，高度为 50 mm，高径比为 0.5，外形尺寸误差小于 1.0%。试样制备见图 2-38 和图 2-39。

图 2-38 冻胀率试验的模具

### 2.6.2 试验步骤

(1) 调节冻胀仪的冷板温度到所需试验温度，其波动幅度为 ±0.2 ℃。

图 2-39　冻胀率试验的试件制备过程

若为开敞系统冻胀试验，恒温水源温度调到(20±0.2)℃或原始地温，波动幅度为±0.2 ℃。

(2) 待冷板温度达到试验温度时，将试样放入冻胀仪中规定位置，安装好仪表并对量表或位移计调零。若为开敞系统，需接通恒温水源。

(3) 按 1 min、2 min、5 min、10 min、20 min、30 min、1 h、2 h、3 h、6 h、12 h 测读试样高度变化值，直至 1 h 内其高度的变形增量小于原试样高度的 0.05%后 1 h 为止，或由数据采集系统自动记录。

冻胀率测试过程见图 2-40～图 2-42。

图 2-40　冻胀试验的温度测试系统

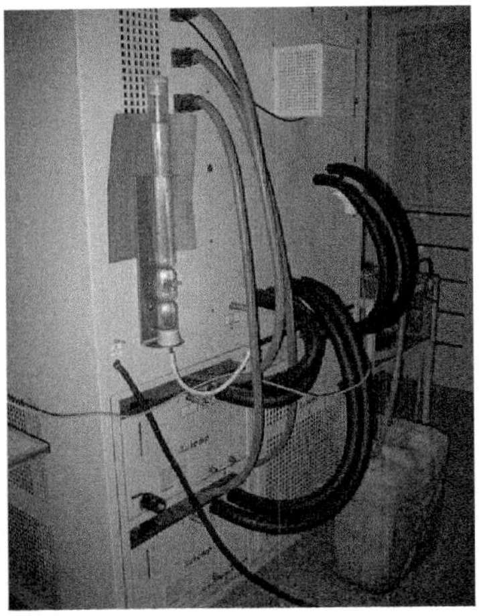

图 2-41　冻胀试验的补水系统

图 2-42　冻胀率的测试过程

### 2.6.3　试样试验结果

试样冻胀率计算：

$$\varepsilon_{fh}=\frac{\Delta h}{h_0}\times 100\% \tag{2-2}$$

式中　$\varepsilon_{fh}$——$t$ 时刻试样的冻胀率，%；

$\Delta h$——$0\sim t$ 时间内试样的轴向变形，mm；

$h_0$——试验前试样高度，mm。

试验时，将土样冻胀率测试的冷端温度控制在 −10 ℃，土样的冻胀率测试结果列于表 2-6 中。

**表 2-6　土的冻胀率汇总表**

| 试样 | | 冻胀量/mm | 平均冻胀量/mm | 冻胀率/% | 融沉量/mm | 平均融沉量/mm | 融沉率/% |
|---|---|---|---|---|---|---|---|
| 杂填土 | 1-3-1 | 8.72 | 8.23 | 5.49 | 8.44 | 8.29 | 5.53 |
| | 1-3-2 | 11.70 | | | 6.48 | | |
| | 1-3-3 | 7.96 | | | 8.60 | | |
| | 1-3-4 | 7.14 | | | 8.26 | | |
| | 1-3-5 | 6.12 | | | 7.84 | | |
| | 1-3-6 | 7.74 | | | 10.14 | | |

**表 2-6(续)**

| 试样 | | 冻胀量/mm | 平均冻胀量/mm | 冻胀率/% | 融沉量/mm | 平均融沉量/mm | 融沉率/% |
|---|---|---|---|---|---|---|---|
| 淤泥质粉细砂 | 2-3-1 | 9.12 | 8.09 | 5.39 | 7.68 | 10.11 | 6.74 |
| | 2-3-2 | 6.14 | | | 10.70 | | |
| | 2-3-3 | 8.24 | | | 10.62 | | |
| | 2-3-4 | 6.08 | | | 10.10 | | |
| | 2-3-5 | 9.56 | | | 9.84 | | |
| | 2-3-6 | 9.42 | | | 11.70 | | |

# 第3章 复合地层中的冻结基本理论

人工冻结温度场是一个有相变、移动内热源以及边界条件复杂的不稳定导热问题，温度场反映了冻结帷幕中某一瞬间空间内所有各点的温度分布情况。温度场的空间三维坐标描述为 $f(x,y,z)$，若考虑了时间坐标，由四维坐标描述为 $T=f(x,y,z,t)$，故温度场是关于空间和时间的函数。

温度场根据温度变化分为稳态温度场和非稳态温度场。场内任一点温度仅随空间发生变化却不随时间改变的为稳态温度场；场内各点的温度不仅随空间发生变化，还随时间的改变而改变的称为非稳态温度场。由此可见，实际上冻结温度场是一个非稳态温度场。

冻结帷幕形成是循环的低温盐水带走了地层中的热量，导致土中水结冰，从而胶结周围松散土体，致使土体强度上升的过程。研究冻结温度场的常用方法有解析法、数值计算、模拟试验和现场实测等，目前工程上判断冻结帷幕形成的方法主要还是通过现场实测——测温孔数据进行判断。

冻结温度场的影响因素主要有含盐量、结冰温度、盐水温度、冻结时间、土层的性质等，而含水量、未冻水、渗透系数、导热系数、地层原始温度、地层深度对人工冻土温度场影响很小。

人工地层冻结法的冻土帷幕厚度计算公式属于人工冻土温度场理论的应用。在这一领域，常用的排管冻结温度场公式有苏联公式、中国的成冰公式、美国的桑格-塞尔斯公式和叠加公式等。对于冻土帷幕的测算方法，业界一般常用两种方法：一是根据测温点实测温度，利用特鲁巴克单管冻结温度场理论进行计算；二是根据测温点到冻结管的距离和该测温点温度下降至土层冰点的时间，推算冻土厚度发展速度，以此推算后续某时刻的冻土帷幕厚度。

## 3.1 旁通道的冻结结构技术

在旁通道的冻结设计中，最重要的就是确定冻结帷幕的厚度。冻结帷幕的厚度是评定应用冻结法加固经济合理性的基本参数，是人工冻结法技术设计的核心。过大或过小的冻结帷幕厚度将导致冻土体积大幅度增加或冻结帷幕破裂，甚至导致地下水涌入开挖空间，从而造成整个地下工程的失败。工程上对冻结帷幕的结构设计仍多采用传统的单纯增大安全系数以增加冻结帷幕厚度的方法，该方法既不经济也不合理。目前，国内外学者多采用解析方法、模型试验和有限元方法等手段进行冻结帷幕厚度的计算分析研究。冻结帷幕厚度的确定要综合考虑水、热、力、土性等的综合作用，很多时候还要考虑空间、蠕变以及非均质等其他诸多因素的影响，因此要取得显式简单解，其计算是相当复杂的。

### 3.1.1　冻土帷幕控制参数

冻土的强度主要与其含冰量有关。在含盐土中，体积冰的含量是关于孔隙水盐分浓度和温度的函数。判断冻结温度场是否满足安全状态，需要从冻结帷幕厚度和冻结帷幕平均温度入手。冻结帷幕在掘砌工程中作为临时支撑，其厚度主要由冻土的厚度和地压的大小决定。冻结帷幕的平均温度越低，冻土中未冻水的含量越少，冰与土颗粒之间的胶结就越彻底，冻土的抗压强度和抗拉强度越高。

目前，冻结帷幕厚度的计算方法大致分为轴对称平面应变力学模型、轴对称空间力学模型和数理统计的经验法。对于上文给出的温度场计算模型，可以结合现场实测资料，即已知某一点的温度，可以反算出冻结圆柱的半径值，进而得到整个温度场的温度分布。

冻结帷幕平均温度主要与盐水温度、冻结孔间距、冻结帷幕厚度、冻结管直径等因素有关。在确定冻结帷幕的平均温度时，通常考察主面和界面冻结帷幕，计算平均温度的算术平均值。采用的计算方法是取冻结帷幕主面平均温度和界面平均温度的算术平均值作为冻结帷幕的平均温度。一般情况下，主面冻结帷幕平均温度比界面冻结帷幕平均温度低。冻结初期或冻结帷幕厚度较小时，主面冻结帷幕平均温度比界面温度低很多，但由于界面冻结帷幕受邻近冻结管传热的影响较主面冻结帷幕强烈，其平均温度随着厚度增大而降低的速率大，随着冻结帷幕厚度的增大，主面和界面冻结帷幕平均温度的差距越来越小。当界面冻结帷幕厚度超过 6 m 时，主面和界面冻结帷幕平均温度的差值小于 1 ℃。

### 3.1.2　冻土帷幕结构设计计算

冻土帷幕是越江隧道旁通道开挖施工的临时支护结构物，其功能是隔绝旁通道外的地下水和抵抗外部的水土压力，其厚度取决于结构外水土压力的大小和冻土的强度。冻结帷幕的力学计算模型可按均质线弹性体简化，其力学特性参数取冻结帷幕平均温度下的冻土力学特性试验值。

设计的计算中，将旁通道上部结构简化为图 3-1 所示的刚架，拱上作用均布荷载，垂直部分受梯形水土压力荷载。

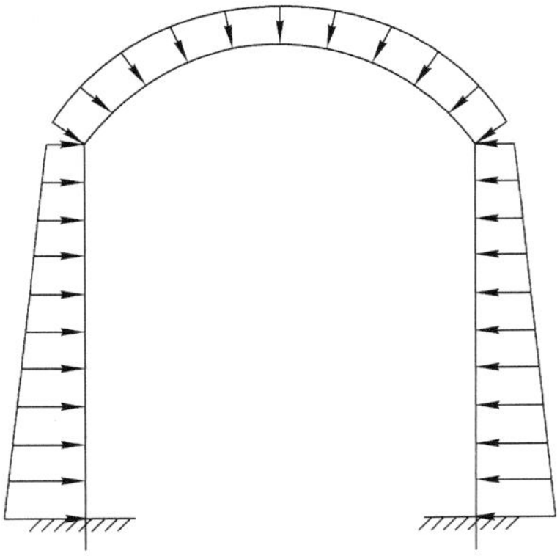

图 3-1　上部模型简化成的刚架图

由于结构和荷载是对称的，取左侧一半为研究对象，在拱顶截面有一个弯矩 $M_0$ 和一个轴力 $F_x$，如图 3-2 所示。

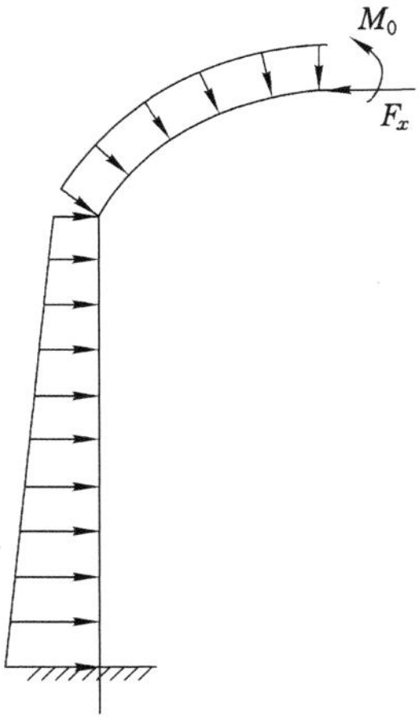


图 3-2　上部刚架受力分析图

拱顶横梁的弯矩方程：

$$M(\varphi) = 0.0832 + 1.6179(1 - \cos\varphi) - 2.6131\varphi \cdot \sin\frac{\varphi}{2} \qquad \varphi \in (0°, 49.96°) \tag{3-1}$$

拱顶横梁弯矩变化曲线如图 3-3 所示。由图 3-3 可以求得最大弯矩值。

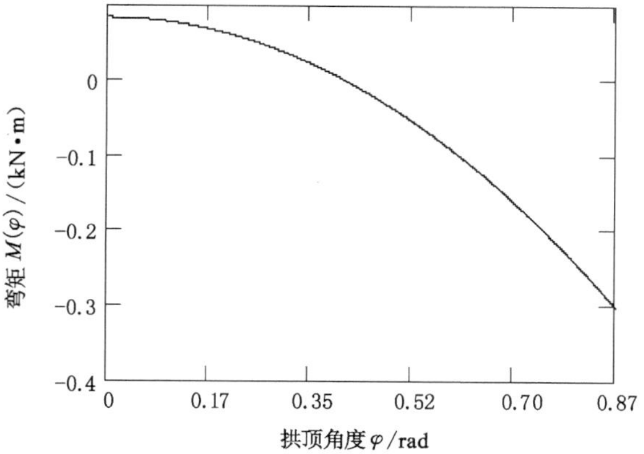


图 3-3　拱顶横梁弯矩图

根据不同的检验指标，相应的安全系数选取如下：抗压验算取 2.0，弯拉取 3.0，抗剪取 2.0。

根据结构特点，排水泵房的设计模型可简化为图 3-4 所示的刚架，其中垂直部分受梯形荷载，底部受均布荷载。

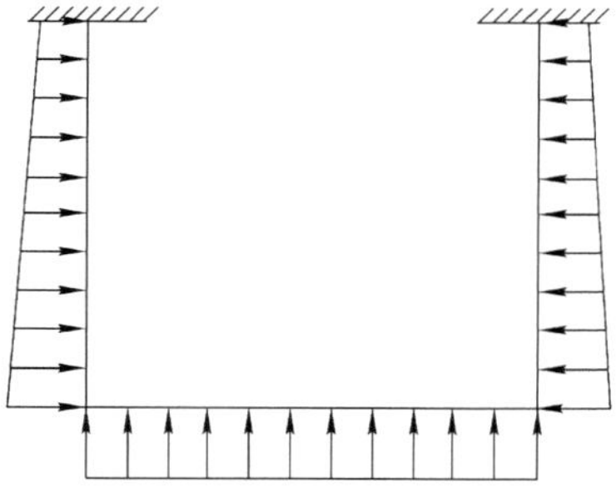

图 3-4　排水泵房结构模型简化成的刚架图

排水泵房结构的内力图见图 3-5，可求出排水泵房结构截面的最大弯矩。

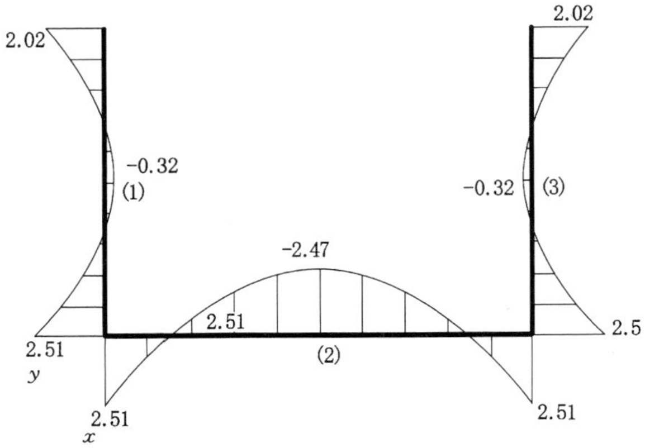


图 3-5　下部排水泵房结构弯矩图(单位:kN·m)

根据求出截面的最大弯矩值,对照冻土的强度,考虑到安全系数的影响,冻结壁厚度取 2.5 m 即可满足冻土的强度要求。

### 3.1.3　冻土帷幕受力的数值计算

在科学技术领域内,对于许多力学问题和物理问题,人们已经得到应遵循的基本方程和相应的定解条件,但能利用解析方法求出精确解的只有少数。对于大多数非线性和几何不规则的问题,采用解析方法求解时,只能通过对问题的简化方式求解,往往产生较大的误差甚至错误的结论。因此人们就寻找和发展了另一种求解复杂问题的有效方法——数值解法。对于采用冻结法施工的旁通道也是如此,采用解析法计算进行了大量的简化,与实际工况存在较大的差别。因此,对于旁通道冻结帷幕的计算,可以更经济、省时,也能考虑更多的影响因素。

ANSYS 是当今国际最知名的大型通用有限元分析软件,由美国 ANSYS 公司于 20 世纪 70 年代进行开发,经过 40 多年的发展和完善,已成为代表当今有限元分析最高水平、功能丰富、用户界面友好、前后处理方便、图形功能完备、具有极高的计算效率的分析类软件。ANSYS 融结构、热、流体、电磁、声学分析于一体,是目前世界上唯一的能进行多物理场耦合分析的仿真软件,具有极为出色的计算精度、可靠性和稳定性,是全世界所有分析设计类软件中第一个通过 ISO 9001 质量认证的软件。它拥有丰富和完善的单元库、材料模型库和方程求解器,能够进行结构静力、结构动力(模态分析、瞬态动力响应分析、随机振动分析)、结构屈曲失稳、非线性(几何非线性、材料非线性、单元非线性、边界非线性)、疲劳损伤与断裂、复合材料、热分析、金属成型、冲击碰撞与爆炸、流体动力学、电磁场、声学、热-结构耦合、流固耦合、电磁-流体-热-结构全耦合等方面的数值分析模拟,广泛应用于土木工程、能源、地矿、水利、汽车、交通、机械制造、石油化工、航空航天、核工业、造船、日用家电等工业领域的分析研究。在岩土工程领域,在诸如采场矿压显现、巷道支护、冻结井施工、地温场分析、通风与散热、桥梁风载响应、高层建筑抗震、隧道掘进、基坑开挖、边坡失稳、混凝土结构、钢结构、水坝温度应力分析、建筑火灾等许多方面都得到了成功应用。

鉴于上述原因,本书采用 ANSYS 有限元软件进行冻结帷幕分析计算。

(1) 几何模型

根据隧道和冻结体及周边土体建立模型。根据结构和荷载对称性的特点,可以建立 1/2 结构的几何计算模型,沿旁通道纵轴面方向取结构的 1/2 进行计算,见图 3-6(虚线代表对称部分)。根据结构的具体工况分别选取相应的冻结帷幕厚度进行计算。

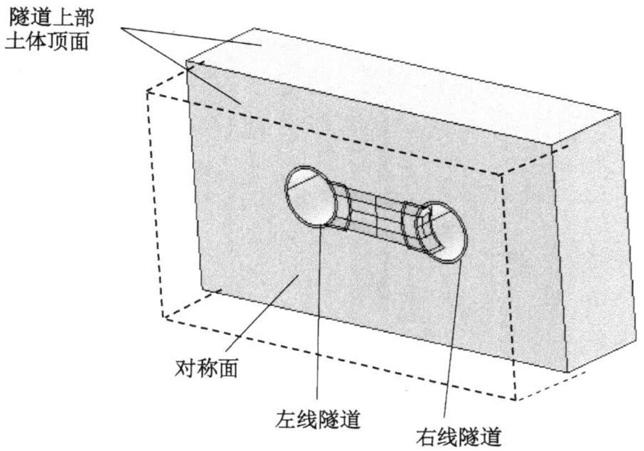


图 3-6　计算结构图及边界条件

(2) 边界条件

隧道上部土体的顶面取为自由面。根据对应于旁通道纵轴面结构和荷载对称性的特点,认定在纵轴面上沿垂直于它的 $Z$ 轴方向不发生变形,对应于纵轴面的两侧的应力和变形相应对称;其余各面(模型长度的两端面、模型的底面和宽度的两面)均取为固端约束。

（3）材料参数的选取

ANSYS 程序中混凝土材料选用 Solid65 单元，土体选用 Solid92 单元。

对于隧道的钢筋混凝土衬砌、未冻土和冻土的弹性模量、泊松比、重力密度，根据现场试验或者参考类似材料进行选取。

（4）计算内容

根据计算模型，计算以下内容：冻土体与隧道交汇处衬砌水平变形和垂直变形；破洞口位置衬砌应力和衬砌应力变化态势；拱顶水平位移、冻土墙体和底板水平位移、冻土体拱顶垂直变形、冻土体底部垂直变形；冻土体结构两端顶部应力、端部应力状况和冻土体结构底部应力分布。

### 3.1.4 平均温度计算

（1）解析法计算冻土的平均温度

冻结工程一般采用多排冻结管布置方式进行冻结，但研究多排冻结管的温度场分布情况，以圆管稳定导热为基础。

① 按圆管稳定导热求解冻结帷幕平均温度。

冻结壁交圈后，冻结锋面很快就发展为以井筒中心线为轴的圆柱面。当冻结壁达到设计厚度时，冻结壁的发展速度就很慢了，此时的冻结温度场可近似看作稳定温度场，可将冻结管的布置圈视为一个热流源，其温度为轴面的平均温度。轴面平均温度 $t_{zm}$ 可用依·姆·伺捷潘诺夫公式计算：

$$t_{zm} = t_b\left(0.77 + 0.03\frac{S}{2R_0} - 0.40\frac{S}{2E_2} + \frac{d}{S} + 0.07\frac{E_1}{E_2}\right) \tag{3-2}$$

式中 $t_b$——冻结管外壁的温度，℃；

$S$——冻结管间距，m；

$R_0$——冻结管布置半径，m；

$d$——冻结管外直径，m；

$E_1, E_2$——冻结壁在冻结管布置圈径内、外侧的厚度，m。

轴面平均温度的综合图如图 3-7 所示。

冻结温度场可看成是两个圆管的稳定导热问题，这两个圆管为：① 以冻结管布置圈面和外冻结锋面为内、外表面的圆管，其内表面的温度取为轴面平均温度 $t_{zm}$，外表面温度为土层冻结温度 $t_d$；② 以内冻结锋面（如冻土已扩展入井内，则为联络通道掘进荒侧面）和冻结管布置圈面为内外表面的圆管，其内表面的温度为土层的冻结温度 $t_d$（如冻土已扩展入井内，则为开挖面温度 $t_n$）。

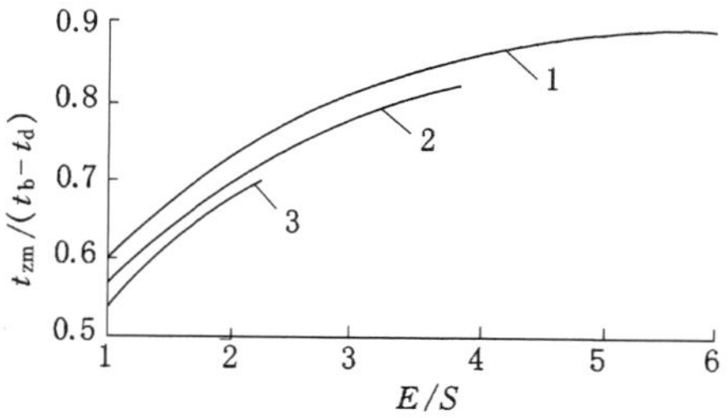


图 3-7　轴面平均温度的综合图

根据圆管稳定导热问题的解可推导得：

$$t_{m1}=\frac{3t_i}{2}-\frac{t_m}{2}-\frac{t_{zm}-t_i}{1-\left(1-\frac{E_1}{R_0}\right)^2}\ln\left(1-\frac{E_1}{R_0}\right) \tag{3-3}$$

$$t_{m2}=\frac{3t_m}{2}-\frac{t_d}{2}-\frac{t_d-t_{zm}}{1-\left(1-\frac{E_1}{R_0}\right)^2}\ln\left(1-\frac{E_1}{R_0}\right) \tag{3-4}$$

$$t_m=\frac{E_1(2R_0-E_1)t_{m1}+E_2(2R_0+E_2)t_{m2}}{(2R_0+E_2-E_1)(E_2+E_1)} \tag{3-5}$$

式中　$t_{m1}$——冻结管布置圈内侧冻结壁的平均温度，℃；

$t_{m2}$——冻结管布置圈外侧冻结壁的平均温度，℃；

$t_i$——如冻土没有进入掘进荒径内，取 $t_d$，如冻土已扩展入井内，则取为井帮温度 $t_n$，℃；

$t_m$——冻结壁的平均温度，℃。

② 鉴于冻结壁的厚度是以界面厚度为准的，故有时用界面平均温度表征整个冻结壁的平均温度。

试验证明，界面平均温度可用下述波・夫・巴哈金公式计算，也可查图 3-8 求得，其公式为：

$$t_{jm}=0.5t_k \tag{3-6}$$

③ 苏联用纳斯诺夫公式计算冻结壁的平均温度 $t_m$，即：

$$t_m=t_c\left(0.32+0.8\frac{d}{S}-0.20\frac{S}{E}\right) \tag{3-7}$$

④ 波兰常用依・姆・伺捷潘诺夫公式计算冻结壁平均温度，即：

$$t_m=t_b\left(0.42+0.09\frac{S}{2R_0}-0.20\frac{S}{2E_2}+0.37\frac{d}{S}+0.01\frac{E_1}{E_2}\right) \tag{3-8}$$

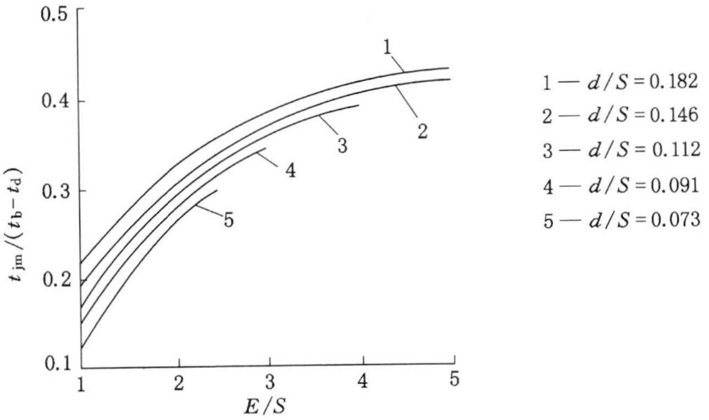


图 3-8　确定界面平均温度的综合图

⑤ 中国计算冻结壁平均温度多采用成冰公式，即：

$$t_m = t_c\left(1.135 - 0.352\sqrt{S} - 0.785\frac{1}{\sqrt[3]{E}} + 0.266\sqrt{\frac{S}{E}}\right) - 0.466 \tag{3-9}$$

对于式(3-9)，当井帮温度低于 0 ℃时，冻结壁有效厚度中的平均温度 $t'_m$ 为：

$$t'_m = t_m + \omega t_n \tag{3-10}$$

式中　$\omega$——经验系数，$\omega=0.25\sim0.30$；

$t_n$——计算水平的井帮温度，℃。

对于双排孔冻结下冻结壁平均温度计算公式有：

$$t_{ms} = t_m + t_s \tag{3-11}$$

式中　$t_{ms}$——双排孔冻结时冻结壁有效厚度内的平均温度；

$t_s$——双排孔冻结的附加温度，可取$-2.5\sim-1.5$ ℃。

(2) 图解法计算冻土的平均温度

根据测温孔和冻结孔的温度以及两者的距离，采用图解法可以得到冻土的平均温度，根据实测温度画出温度与距离的变化曲线，然后根据曲线包围的面积进行折算，通过折算使温度曲线包围的范围为一矩形，矩形所对应的温度就是平均温度。

### 3.1.5　冻结设计的原则

设计的方案应充分考虑到工程特点，满足其安全开挖的要求。设计的方案应做到：

(1) 满足吊脚墙与隧道管片交接位置土体的稳定性要求；

(2) 土体开挖后，满足管片周围的封水要求；

(3) 形成的冻结壁在开挖及结构构筑施工过程中满足稳定性要求；

(4) 具有适时、动态的温度、变形和压力的监测机制，冻结过程应具备吸收变形和调节、减小外载和冻胀力的有效手段。

### 3.1.6 冻结壁外荷载的确定方法

在进行冻结壁的设计计算时，首先要对冻结壁所受的地压值进行分析计算。

冻结形成的冻结壁所受外载包括水平地压、自重、竖直附加力及施工荷载等。在冻结壁设计和计算的演变过程中，水结冰后体积膨胀、水分迁移和温度变形的作用，使得冻结壁在开挖前即存在初始冻结应力场；在冻结体面上，冻结壁的冻胀受到周围未冻土的约束，使得冻结壁外侧面受到的荷载有别于地层的原始地应力。冻结壁的初始冻结应力场、法向外载和切向外载，与土颗粒的矿物成分、粒径组成、含水量及补给状况、温度场、水中易溶盐的成分和含量、原始地应力、掘进时冻结壁的变形等因素有关。根据对天然冻土冻胀的研究结果，可以认为：冻结壁外侧面在法向与竖向上受到的荷载应大于原始水平地压和竖直地压，在设计冻结壁时不考虑冻结的影响，仍视冻结壁的外载为永久地压值乘以相应的系数。

计算表土层地压大都基于松散体极限平衡理论，在计算时选定的力学模型不同，计算方法也有所区别。目前冻结壁的计算方法主要有以下两类：

(1) 平面挡土墙地压理论

基于1773年库伦提出的挡土墙主动土压力的理论，普罗托吉雅克诺夫推导出水平地压计算公式：

$$p = \gamma H \tan^2\left(45° - \frac{\varphi}{2}\right) \tag{3-12}$$

式中　$p$——地压，MPa；

$\gamma$——土的重力密度，$kN/m^3$；

$\varphi$——土体的内摩擦角，(°)；

$H$——计算点的深度，m。

上式中的基本假设是：墙是垂直的；墙面光滑，无摩擦力；墙是无限长的，在纵向无位移(即平面问题)；土体沿一个平面滑动。考虑到表土层由不同土性的土层组成，各层值不同，苏联学者秦巴列维奇将上式修改为下式(秦巴列维奇计算公式）：

$$p = \sum_{i=1}^{n}(\gamma_i h_i)\tan^2\left(45° - \frac{\varphi_i}{2}\right) \tag{3-13}$$

或者

$$p = \sum_{i=1}^{n}(\gamma_i h_i)A_i \tag{3-14}$$

式中 $\gamma_i$，$h_i$——上覆各土层的重力密度和层厚；

$A_i$——计算层侧压力系数。

（2）经验公式

通过工程实测研究得到经验公式：

$$p = KH \tag{3-15}$$

式中 $p$——地压，MPa；

$H$——计算深度，m；

$K$——系数，取 0.01～0.02。

我国常取 $K=0.010\sim0.013$，德国取 $K=0.013\sim0.018$，美国取 $K=0.014$，苏联取 $K=0.012\sim0.016$，荷兰、波兰取 $K=0.013$，日本取 $K=0.011\sim0.012$，法国取 $K=0.02$。

## 3.2 水平穿越隧道的冻结壁设计理论

对于水平穿越隧道的冻结施工来说，冻结帷幕的厚度是评定应用冻结法加固经济合理性的基本参数，是人工冻结法技术设计的核心。过大或过小的冻结帷幕厚度将导致冻土体积大幅度增加或冻结帷幕破裂，甚至导致地下水涌入开挖空间，从而造成整个地下工程的失败。

冻结壁在冻结法施工中起着临时支护结构物的作用，其功能是抵抗水土压力和隔绝地下水的联系。当冻结壁形成交圈后，封闭的冻结壁即可起到隔绝地下水的作用，但是冻结壁必须有足够的强度和稳定性才能起到抵抗水土压力的作用。冻结法施工的核心是冻结壁的设计，工程的成败与经济效益完全取决于它的强度和稳定性。在实际立井冻结中的冻结壁，从物理、力学性质方面看，是一个非均质、非各向同性、非线性体，随着地压的逐渐增大，由弹性体、黏弹性体向弹黏塑性体过渡。从几何特征看，它是一个非轴对称的结构。当盐水温度和冻结管布置参数一定时，代表冻结壁强度和稳定性的综合指标是厚度，而反映冻结壁整体性能的综合指标是冻结壁的变形。冻结壁变形过大，会导致冻结管断裂、盐水漏失融化冻结壁，还会使外层井壁因受到过大的冻结壁变形压力而破裂。当掘砌工艺和参数、盐水温度和冻结管间距一定时，控制冻结壁的厚度是控制冻结壁变形的最主要的手段。

### 3.2.1　冻结壁的解析计算方法

冻土帷幕需具备一定的厚度和强度，以起到开挖时的封水和稳定作用。冻结帷幕的力学计算模型可按均质线弹性体简化，其力学特性参数取冻结帷幕平均温度下的冻土力学特性试验值，其厚度取决于结构外水土压力的大小和冻土的强度。冻土加固体的厚度选取一般将加固体结构形式进行简化，然后采用结构力学计算方法考虑结构在地下荷载的情况下进行受力分析，考虑其在不同位置处应力极值，进行校核。

在冻结设计的计算中，上部作用均布荷载，垂直部分受梯形水土压力荷载。冻结壁顶板主要受静水压力和开挖时因顶板向下变形而产生的力。上部顶板埋深 4.8 m，上部土体的作用力为：

$$p_1 = \gamma H + 20 = 18.5 \times 4.8 + 20 = 108.8\ (\text{kPa})$$

冻结壁侧面土压力为：

$$p_s = K_0(\gamma H + 20) = 0.7 \times (18.5 \times H + 20) = 12.9(H + 1.08)\ (\text{kPa})$$

式中　$K_0$——静止侧压力系数，取 0.7。

借助结构力学求解器 SMSolver 将冻结帷幕简化为图 3-9 所示的矩形刚架结构。

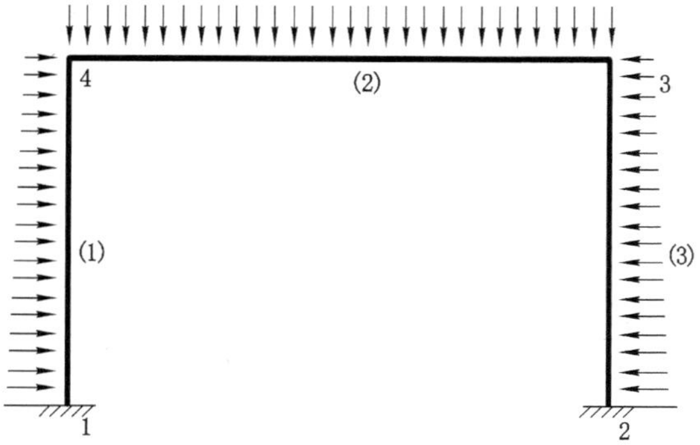


图 3-9　冻结帷幕刚架结构简化图

求解后得到刚架梁的弯矩、轴力、剪力如图 3-10～图 3-12 所示。

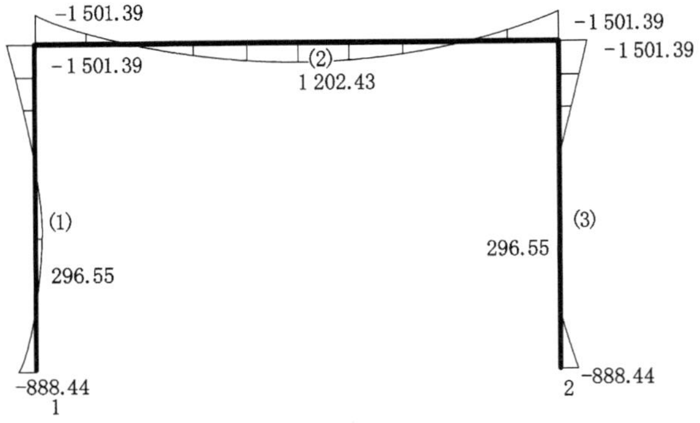


图 3-10　刚架结构弯矩图(单位:kN・m)

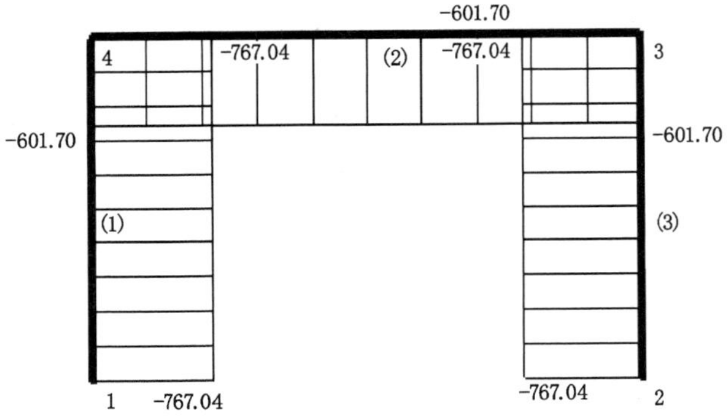


图 3-11　刚架结构轴力图(单位:kN)

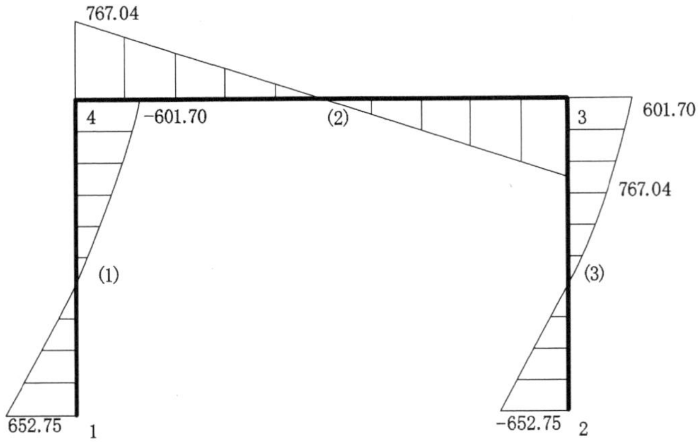


图 3-12　刚架结构剪力图(单位:kN)

根据不同的检验指标，相应的安全系数选取如下：抗压验算取 2.0，弯拉取 3.0，抗剪取 2.0。可知最大弯矩为 1 501.39 kN·m，通过抗弯强度验算，取冻结帷幕最小厚度为 2 m。

### 3.2.2　利用数值模拟的方法验算冻结壁的厚度

解析方法确定冻结壁厚度后，根据工程的实际情况，建立三维有限元模型，通过有限元软件，确定冻结壁内的应力及变形，与冻结壁的强度和允许变形进行对比，校核冻结壁的设计厚度。

因上部受地表水和地表大气温度的影响，上部冻结壁冻结厚度发展速度较下部慢很多。对于这种非对称的实际情况，建立顶部冻结壁厚度 1.8 m、底部冻结壁厚度 2.5 m、两侧冻结壁厚度由上部 1.8 m 线性增加至下部 2.5 m 的冻结壁模型。模型建立和网格划分如图 3-13、图 3-14 所示。

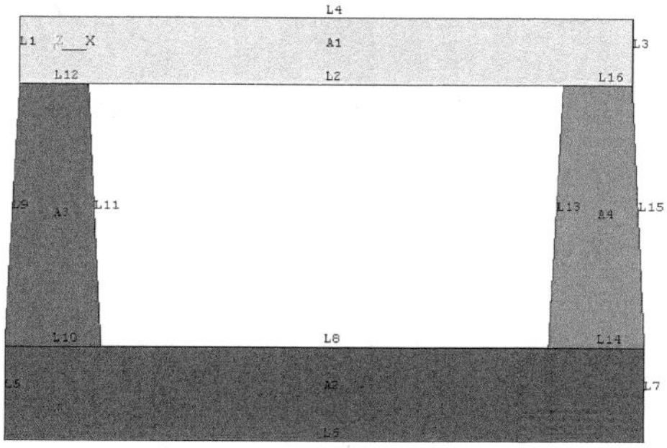


图 3-13　非均匀冻结帷幕图

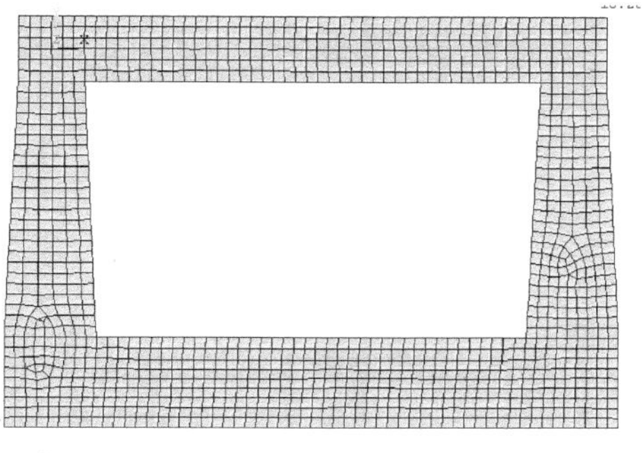

图 3-14　网格划分图

将结构计算中的荷载施加到边界上，底部边界施加竖向位移约束，土性参数参照冻土试验报告。计算结果如图 3-15～图 3-17 所示。

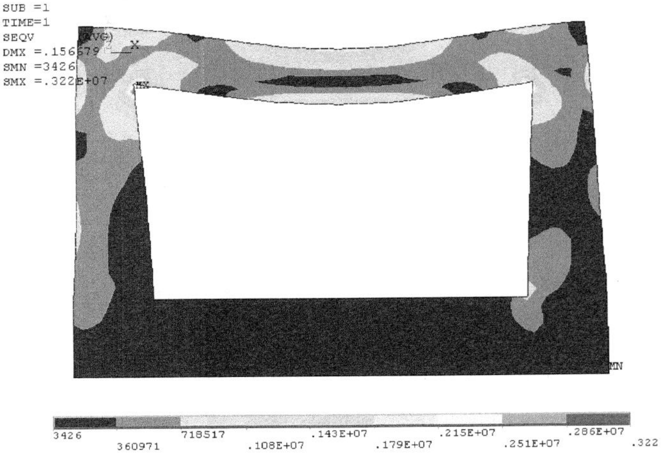


图 3-15　均布等效应力图

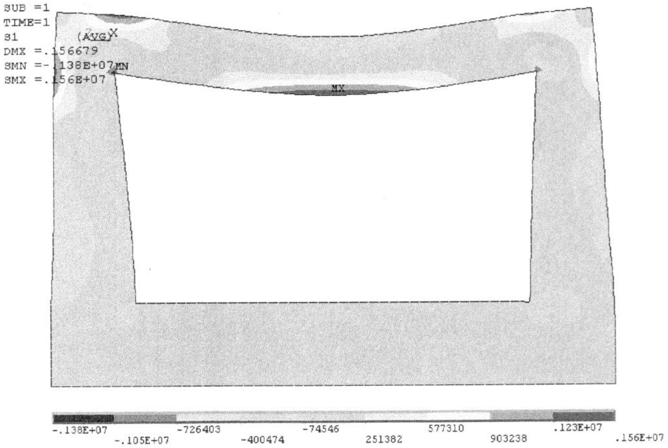


图 3-16　第一主应力分布图

由冻土试验报告可知，土层的剪切屈服强度 $K$ 为 3.3 MPa。根据 von Mises 屈服准则 $(\sigma_1-\sigma_2)^2+(\sigma_2-\sigma_3)^2+(\sigma_3-\sigma_1)^2=2\sigma_s^2=6K^2$ 判断冻结壁破坏情况。由计算结果可知，$2\sigma_{smax}^2<6K^2$，说明冻结壁设计厚度满足要求。

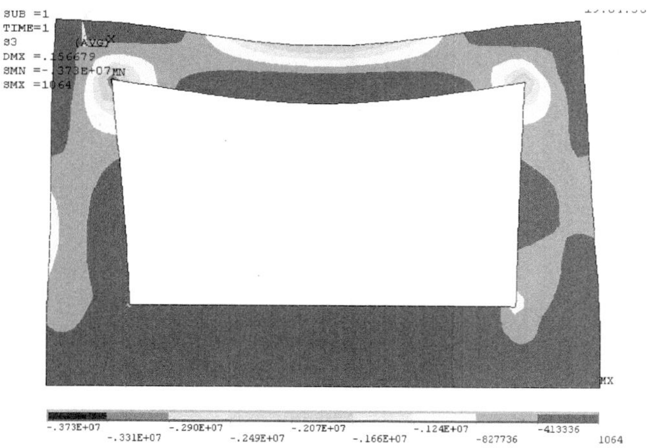


图 3-17　第三主应力分布图

# 第 4 章　复合地层中的冻结施工技术

对复合地层中的冻结孔施工、冻结施工、开挖施工等技术开展研究，获得复合地层中冻结施工工艺技术。

冻结施工工艺流程如图 4-1 所示。

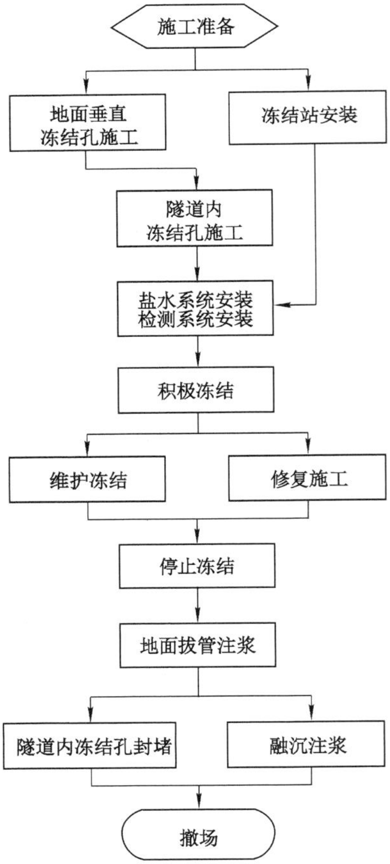


图 4-1　冻结施工工艺流程图

# 4.1　竖直冻结孔施工技术

## 4.1.1　冻结钻孔施工设备

复合地层中的竖直冻结孔施工时，可以选用 SPJ-300 型钻机或者 DK-3 型钻机，同时配用 BW250 型泥浆泵来进行泥浆循环。

## 4.1.2　冻结孔钻孔施工

(1) 钻进工艺

① 依据施工基准点，按冻结孔施工图进行冻结孔孔位放线，孔位误差不大于 100 mm。

② 正常情况下，采用泥浆正循环，安装牙轮钻头钻进。如果遇到较硬的障碍物钻进困难时，改用金刚石钻头钻进。

③ 钻进过程中监测孔斜情况，发现偏斜要及时纠偏。下好冻结管后，进行冻结管长度的复测，然后再用灯光测斜仪进行测斜并绘制钻孔偏斜图。

④ 冻结管之间采用外管箍焊接连接，要求连接时保证其同心度、焊接强度和密封性能。

⑤ 在冻结管内下供液管，然后焊接冻结管端盖和去、回路羊角。

(2) 钻孔技术要求

冻结孔钻进深度应不小于设计深度，不参与制冷循环的长度不大于 150 mm。

① 钻孔的偏斜控制在 200 mm 以内。

② 冻结孔终孔最大允许间距，帷幕塌陷核心区边线处冻结孔为 1.25 m，中间冻结区处为 1.9 m。超出允许间距的，可进行补孔或延长冻结时间进行处理。

③ 冻结管长度和偏斜合格后再进行打压试漏，压力控制在 0.8 MPa，前 15 min 压力损失小于 0.05 MPa，后 30 min 压力稳定无变化者为试压合格。试压不合格的，可拔出冻结管重新安装。

## 4.1.3　透孔施工方法

为了将低温盐水输送到隧道内，满足下部冻结孔的冻结要求，从地面施工透孔穿过隧道。透孔的施工方法如下：

(1) 牙轮钻头垂直打到管片顶部。

(2) 下倾斜管测斜。

(3) 换 $\phi$133 mm 取芯管带 $\phi$133 mm 金刚石钻头钻进。打钻过程及时分析钻头接触隧道管片情况,准确丈量钻具长度和钻孔深度。

(4) 钻通后,继续强行钻进将锥体压入透孔。

(5) 在隧道内用 $20^{\#}$ 工字钢搭设工作平台,其沿隧道轴线方向的长度为 2～3 m,同时准备登高爬梯用脚手架管子搭 1.3 m 高围栏。当透孔出现渗漏时,准备速凝水泥、导流小管、橡胶条、麻丝 2.5 kg、夹柄螺丝刀、铅垂、尼龙丝先封堵,然后准备注聚氨酯泵、300 kg 聚氨酯、手孔注胶连接接头、钎子、大锤等材料,用钢管撑、钢板＋橡胶板压住后,注环氧树脂堵漏。

### 4.1.4 冻结孔产生偏斜的原因

冻结钻孔产生偏斜的原因有:机械因素(如钻塔天轮、转盘中心和钻孔不在一条垂线上,以及钻具弯曲、底盘变形等)、人为因素(如人员操作不当、泥浆使用太稠或太稀等)和地质条件因素,其中机械因素和人为因素在工程开工前和施工中,通过检查是容易发现和解决的,而地质条件因素是解决冻结孔偏斜的最大难点。在同一种地层中钻进,采用均匀合理的钻进参数(钻压、转速),钻孔是不易产生偏斜的,如在厚砂性土、厚黏性土层中钻进,一般不需要改变钻进参数,都能保持较快的进尺而且垂直度较好;但地层是由多种土层组成的,特别是第四系冲积层不仅垂向岩性变化大,而且相变较明显,同一个井盘、同一个深度的岩石性质变化是经常见到的。当地层变化时,无论由硬变软或由软变硬都要采取相应措施和改变原来的钻进参数,否则就容易产生偏斜,特别是岩石层,钻孔一般都沿着地层的倾斜方向偏斜。

### 4.1.5 冻结孔偏斜要求

冻结孔不同于勘探孔、井检孔,后者是以提供地质资料为主,而冻结孔是工程钻孔,垂直度要求高。目前,随着市政工程地层及周围管线复杂程度的增加,施工工期的缩短,对冻结孔施工的质量要求越来越高。为了缩短冻结交圈时间,提高冻结工程的经济效益,首要措施就是降低冻结孔单孔偏斜率,减小冻结孔各水平的孔间距。施工组织设计中对此将给出要求,施工时要严格执行。

钻孔施工过程中,要加强孔斜监测工作,以保证钻孔的垂直度及孔间距符合设计和规范要求。测斜方法:孔深 50 m 以上采用灯光测斜,50 m 以下采用陀螺仪测斜。测斜段距一般为 25～40 m。当钻孔纠偏后或处在易斜地层以及偏斜接近超限的临界点时,应缩短测斜段距,加密测斜。施工过程中要定期对使用的仪器进行检查和校验，以保证仪器的精度和测斜资料的可靠性。钻孔终孔后要进行全孔系统测量，测距为 20 m，并根据测斜结果，每 20 m 绘制钻孔偏斜平面图，用以指导下一孔的施工。

### 4.1.6　冻结孔防偏斜措施

（1）要充分了解施工区的地质条件

根据井筒检查孔地质报告所提供的资料，施工前必须对井筒地层状况有详细的认识。在工程施工初期，通过第一轮钻孔的施工对不同深度的地层再作进一步的了解，掌握不同层段的岩层性质，同时应考虑岩层倾角造成基岩段在井筒各部位的深度差异，施工过程中根据不同岩层段的岩性变化，选择合适的钻进技术参数、泥浆参数等。

（2）合理调整钻具级配

由地层特点出发，选择合理的钻具级配对提高冻结造孔效率至关重要。数据分析显示，合理的钻具级配与冻结钻孔的施工效率之间具有明显的影响关系。合理的钻具组合，不仅提高了台月效率，同时对钻孔偏斜的控制也能起到非常重要的作用。

（3）泥浆参数的选择

泥浆在钻孔施工过程中除具有排除岩渣和冷却钻头作用外，还起着保护孔壁、防止坍塌和堵漏的作用。使用螺杆钻具时，泥浆又起着传递动力的作用。为提高钻孔钻进效率，在不同地层钻进时要配制相应参数的泥浆。

（4）钻进参数的选择

开孔的好坏是保证钻孔垂直度的关键，除保证“三点一线”外，开孔钻进过程中以慢转、轻压、大泵量为宜，一般控制在转速 80 r/min、钻压 300 kg、钻速 1 m/h、泵量 800 L/min 左右。在钻进操作过程中，以快转、轻压、大泵量为宜。利用加重管增加钻具重量后的铅垂作用，减压悬吊钻进，必须做到以加重管中和点以下部分的重量作为给进压力，实现孔底给压，使钻杆始终处于受拉状态，避免产生弯曲，同时也减少钻杆与孔壁之间的碰撞和摩擦，使钻头工作平稳，保证钻孔的垂直度。

（5）施工要点

① 开孔间距误差控制在±20 mm 内。在打钻设备就位前，用仪器精确确定开孔孔位，以提高定位精度。

② 准确丈量钻杆尺寸，控制钻进深度。

③ 按要求钻进、用灯光测斜，若偏斜过大则进行纠偏。钻进 3 m 时，测斜

一次，如果偏斜不符合设计要求，则立即采取调整钻孔角度及钻进参数等措施进行纠偏，如果钻孔仍然超出设计规定，则进行补孔。

### 4.1.7 冻结孔纠偏措施

在冻结孔钻进过程中，尽管采用了性能较好的设备、合理的钻具组合及钻进参数，以确保钻孔的垂直度，但由于种种原因，施工过程中仍有部分钻孔出现超偏现象，这就需要对钻孔进行纠偏。目前常用以下几种纠偏方法。

(1) 扫孔纠偏法

一般在黏土层中若发生超偏，可利用原有钻具，更换三翼或多翼钻头减轻压力，利用重力作用进行扫孔纠偏，这种钻头的特点是从喷嘴出来冲洗液直接冲刷翼片外刃与孔壁接触的地方，可使钻头的翼片，特别是底外刃不产生泥包现象，始终保持锋利状态，便于和孔壁接触扫出新的台阶把孔纠直。

(2) 扩孔纠偏法

利用原有钻具，换用比原来钻头大的钻头(一般使用比正常钻头大 15～30 mm 的钻头)扩大孔径，钻至原深度时再换原钻头，开钻前应将钻具吊离孔底约 1 m，然后轻压慢速钻进开出一个新孔，当进尺 2 m 后经测斜证实钻孔已修直后，再转入正常钻进。此法操作简单易行，适用于较硬地层和偏斜值较小的钻孔中。

(3) 铲、扩孔纠偏法

用这种方法纠偏时，可使用铲孔钻头和扩孔钻头，并利用原带有加重管的钻具进行纠偏。根据测斜资料，在孔偏拐点上部确定好铲孔起始深度，铲孔前为使铲孔取得成效，要做好三点一线的校正工作。铲孔时用加重管带铲孔钻头，以垂直冲击的力量，将偏斜部分铲掉，边铲边转动钻具，每次冲程约 2 m，完成第一次冲程再进行第二次冲程，将孔铲出台阶后，换上扩孔钻头钻进，扩大已铲过的一段造成新孔。这样，铲、扩交替进行，当恢复钻进 3～5 m 时，经测斜合格后，方可正常钻进。铲、扩孔纠偏法适用于浅孔松软地层中钻孔纠偏。

(4) 移钻塔纠偏法

在冻结造孔过程中，利用移钻塔的方法亦能对钻孔进行纠偏，其原理是通过调整钻具组合，利用钻具的刚性及钻孔偏斜拐点的相互抑制作用控制下部孔斜。根据钻孔过程测斜资料，以钻孔当时孔深处为起始点，顺钻孔偏斜方位移动钻塔到一定距离，使当时钻孔钻进起始点变成支点，产生抑制作用使钻孔反方向钻进，达到纠偏效果；必要时可调整钻具组合，使纠偏效果更加明显。但终孔测斜时，为了保证单孔成孔资料的准确性，终孔之前 3～5 m 逐渐使钻塔恢复到开孔位置再进行成孔测量，从而保证终孔资料的真实性，以利于指导下一步冻结孔施工。

(5) 螺杆钻具纠偏

① 选择纠斜段孔身剖面

由于冻结孔对孔斜偏距要求严格(一般新地层≤3‰，基岩≤5‰，有时要求更高)，当施工过程中出现超偏时，孔斜顶角很小，选择二维平面内的二段制曲线剖面(增斜-降斜)。

② 纠斜点的确定

当钻进中孔斜偏距接近设计要求的允许范围上限时，随时可进行定向纠斜。但尽量选择在黏土层、完整地层。选择弯接头度数，对 $\phi$190 mm 孔径，使用 5LZ165 螺杆，要求井斜角变化很小，由孔斜角变化率 $i$ 选择 0.5°、1°的弯接头。

③ 确定纠斜段长

因纠斜后还要钻进打直孔，所以纠斜段不能长，一般选择 $L=13S\cdot\sin\alpha$ 比较合适。式中，$L$ 为螺杆钻进深度，$S$ 为钻孔偏距，$\alpha$ 为弯接头度数。

④ 确定纠斜方位角

当安装角等于 180°时，与原钻孔方向相反，为全力降斜。$\Phi_{方}=\Phi_{原}+\omega+\Phi_{反}$。式中，$\Phi_{方}$ 为纠斜方位角，$\Phi_{原}$ 为原钻孔方位角，$\omega$ 为测斜方位角，$\Phi_{反}$ 为反扭角。

## 4.2　水平冻结孔施工技术

### 4.2.1　水平钻孔工法的选择

隧道内钻孔选用 MD-50 钻机 2 台，每个工作面 1 台，配用 BW250 型泥浆泵各 1 台。

在水平冻结孔钻进过程中，土层变化较为复杂，钻杆拔出后很容易塌孔，导致冻结管下放困难或不能送至设计深度，而且更严重的是钻孔完成后，钻杆拔除或冻结管下放过程中，很可能有水或泥砂涌出，导致地面沉陷，因此，传统的立井冻结孔施工方法不能满足工艺要求，需采用适合水平钻孔工艺要求的钻孔方法。

目前，水平孔施工主要有两种：

(1) 双套管钻进方法。即内外两层带钻头的套管(套管也作钻杆)同时钻进，内外管转速同步，外管起保护孔壁的作用，内管起钻进和取土的作用，钻进时内管要比外管超前 10 cm 左右。这种方法在日本地铁隧道施工中进行地质调查时大量使用。

(2) 跟管钻进。即钻杆兼作冻结管,钻进至设计深度时钻杆即留置孔内作冻结管,钻头则留在土中,故施工采用成本较低的合金钻头。

### 4.2.2 冻结孔口的密封

隧道内水平钻进或管片开口后,壁后泥砂受压可能会沿孔口涌出,很容易造成地面沉陷,使道路下沉、建筑物沉降,严重的情况下可能引起隧道管片变形过大,局部受力集中,导致管片破坏。因此,在钻进过程中,要特别注意土层变化,掌握好钻机给进力,采用慢转快进,尽量减少土层扰动,成孔后要立即用速凝水泥将孔口密封,减少其暴露时间。而解决上述问题最有效的方法,就是钻进中加孔口密封装置,防止突然涌水、涌砂。

### 4.2.3 冻结器密封

(1) 冻结管连接密封。冻结器密封首先是冻结管即钻杆连接密封,钻杆一般是丝扣连接,冻结管一般采用焊接。丝扣连接同心度好,而焊接密封效果和可靠性较好,但同心度较差,易导致钻孔偏斜,故施工采用丝扣加焊接综合方法,确保钻杆的密封与质量。

(2) 冻结管端部密封。因施工中采用跟管钻进,钻杆端部敞口,而冻结管由于冻结工艺要求必须端部密封,且承受一定压力,因此,冻结孔钻进至设计位置需立即清洗,及时下放封口装置。

### 4.2.4 钻孔偏斜及测斜

(1) 钻孔偏斜规律

水平冻结孔钻进中,主要发生的质量问题是钻孔偏斜,主要有两种:

① 平面上的偏斜。除由于土层软弱的原因向软弱土层方向偏斜外,一般顺钻杆右旋方向偏斜。

② 剖面垂直方向的偏斜。一般受自重影响向下偏斜。

(2) 土层性质对钻孔偏斜的影响

土性对钻孔偏斜有较大影响。一般在砂质土层中钻进,砂粒由泥浆循环带出过程中,粒径较大的逐步在孔下部淤积,使钻杆逐步抬高,最终导致钻孔向上偏斜,因此,砂质土层中钻进对泥浆性能要求较高;而在黏土层中钻进时,泥浆不断沿孔壁下方冲刷,带走部分土体,加之随着钻进长度增加,钻杆刚度变小，钻进受钻杆自重影响较大，因此，钻孔一般向下偏斜。

（3）钻孔偏斜的处理措施

影响钻孔偏斜的因素有很多，应根据不同原因采用适当的措施，控制钻孔偏斜在设计范围之内。

① 钻机固定需抄平找正，尽量减少钻机震动对钻孔偏斜的影响。

② 要做好钻进泥浆循环，选用标准泥浆。

③ 冻结孔开孔后加设孔口管，控制冻结管钻进方向。

④ 事先推测钻孔偏斜量，绘出与钻孔长度相应的钻孔轨迹，一般垂直轨迹是抛物线，即 $Y = ax^2 + bx + c$，钻进中可通过调整 $a$ 值，按一定仰角适当抬高钻杆，使钻孔终止位置不致偏离轴线太大，防止冻结管向开挖断面偏斜，造成冻土进入荒径过多，开挖冻土量增大。水平面的偏斜轨迹为 $Z = kX + S$，它可通过精确开孔孔向、孔位得到控制。

（4）测斜

在水平冻结孔施工中，利用电磁原理进行随钻探测是不行的，高精度水平陀螺测斜国内还未见报道，唯一现实可行的测斜方法就是利用光学原理测斜。目前，水平冻结工程一般开挖长度不大，采用灯光-经纬仪方法能满足测斜要求。

冻结孔偏斜直接影响冻结壁发展，影响冻结工期，因此，钻孔施工过程中，完孔后要及时探测，掌握成孔的偏斜情况，以确定下一冻结孔的孔位和开孔角度。

（5）冻结孔测斜原理

冻结孔偏斜采用测孔内灯光测斜，就是利用经纬仪或全站仪，利用小角度测量法测出钻孔内灯光处的偏斜值。

灯光测斜原理如图 4-2 所示，将经纬仪架在管口上，大致整平，把一光源放入管底，管口放一个透明的有机片，上面刻有一如图 4-2 所示的坐标系，放置时，用指南针调整 $X$ 轴的指向，使其指向北并使坐标原点 $O$ 位于管子的中心，调整脚螺旋，从对点器目镜里观察管下面的光源，使其对中，然后读取管口有机片上的倾斜点 $B$ 的坐标($X_B$，$Y_B$)；精确整平仪器，再从对点器中读取铅垂点 $A$ 的坐标($X_A$，$Y_A$)，量取仪器高 $H_i$ 及光源在井下的深度 $H_t$，根据以上数据求出井底 $C$ 点的坐标及管斜，公式如下：

$$X_C = \frac{X_B - X_A}{H_i} \cdot H_t + X_B \tag{4-1}$$

$$Y_C = \frac{Y_B - Y_A}{H_i} \cdot H_t + Y_B \tag{4-2}$$

$$d = \sqrt{X_C^2 + Y_C^2} \tag{4-3}$$

$$\alpha = \text{artan}\,\frac{Y_C}{X_C} \tag{4-4}$$

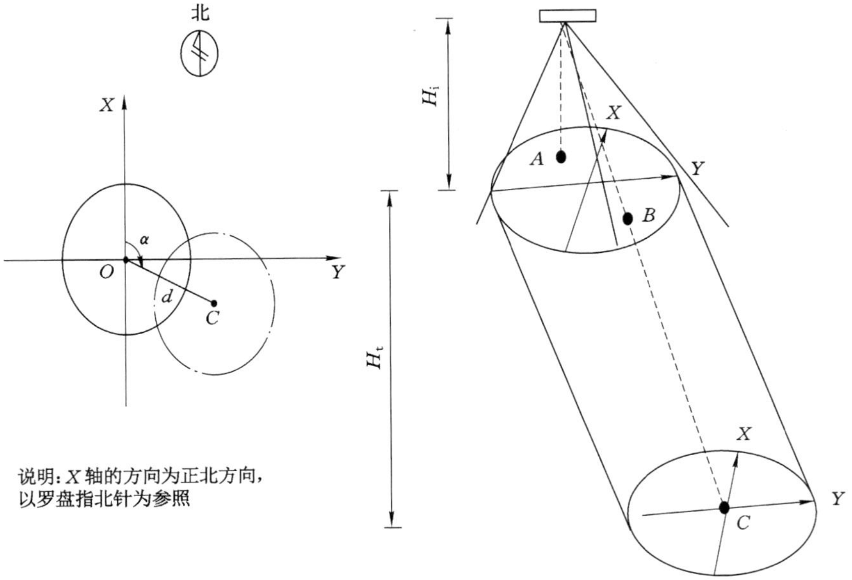


图 4-2　测斜原理示意图

以上计算为光源放到管底时的公式，如果不能放到底，则按 $H_t$所占整个管长的比例来计算，如 $H_t$为管长的 80%，则到管底的倾斜量为 $d/80\%$，倾斜方向不变。

冻结孔的偏斜数据直接影响冻结效果的分析，在冻结孔施工完成后，配合监理单位对冻结孔施工的偏斜测试数据进行复核。

根据施工的报表，按 20%比例抽取冻结孔进行偏斜数据的校核，并根据复核数据的结果调整抽取比例。

### 4.2.5　冻结孔施工防偏措施

为使冻结孔打直，应采用以下防偏措施：

(1) 准确定出开孔孔位，并在隧道两帮布点，以便于施工中校验、控制冻结孔方向。

（2）在施工第一个冻结孔时，应分析主要地层钻进过程的参数变化情况，并检查地质、水文情况，发现异常，应及时采取针对性措施。

（3）确保冻结管加工质量，应先配管确认冻结管连接顺直后再钻进。

（4）应采用牢固、稳定性好的施工平台。

（5）孔口段冻结管方位是影响整根冻结管偏斜的关键。在施工第一节冻结管时，应反复校验冻结管的方位，确保偏差在允许的范围之内。

（6）在对接冻结管时应保证同心度和冻结管连接后顺直。

## 4.3　测温孔布置

### 4.3.1　测温孔布置原则

测温孔布置位置视最终打钻偏斜情况和现场打钻施工条件确定。这样测温孔会更加有效地反映冻土情况。

### 4.3.2　测温管规格

测温管选用 $\phi$45 mm×3.5 mm 的低碳钢无缝钢管，也可以用冻结管材料作为测温管使用。

## 4.4　冻结站施工技术

### 4.4.1　冻结制冷系统设计

该部分参数取自广州文化公园站冻结修复工程。

（1）参数选取

① 冻结管选用 $\phi$133 mm×4.5 mm 无缝钢管；

② 积极冻结期盐水温度为－30～－28 ℃，维护冻结期盐水温度为－28～－25 ℃；

③ 盐水密度为 1.26 g/cm$^3$；

④ 冻结管内盐水流量为 5 m$^3$/h；

⑤ 冻结管散热系数为 260 kcal/(m$^2$ · h)；

⑥ 冷量损失系数为 1.2。

（2）需冷量计算

冻结需冷量按下式计算：

$$Q = 1.2\pi dHK \tag{4-5}$$

式中 $H$——冻结区总长度，取 1 149 m（非冻结区长度 1 900 m）；

$d$——冻结管直径，取 133 mm；

$K$——冻结管散热系数，取 260 kcal/($m^2$ · h)。

冻结加固时需冷量为 $2.45\times10^5$ kcal/h（非冻结区冷量按 50%损失）。

（3）冻结站设置、机组选型及数量

冻结站可选用 W-YSLGF300Ⅱ型螺杆冷冻机 4 台（其中 1 台备用），机组制冷量 $8.75\times10^4$ kcal/h，电机功率 110 kW。

### 4.4.2 冻结站布置

根据现场施工环境，将冻结站安装在区间隧道内靠近联络通道的位置，站内设备主要包括冷冻机组、盐水箱、盐水泵、清水泵、冷却塔及配电控制柜等，设备安装按照设备使用说明书进行。

### 4.4.3 冷冻机组的安装

螺杆式制冷压缩机组由螺杆压缩机、电动机、联轴器、气路系统（包括吸气止回式截止阀和吸气过滤器）、油路系统（包括油分离器、油冷却器、油过滤器、油泵、油压调节阀和油分配管路）、控制系统（包括操作仪表箱、控制器箱、电控柜等）和设备、系统间的连接管路等组成。

按照冻结站布置图，将冷冻机组就位后，首先将机组可靠地固定在工字钢平台上，底梁与工字钢要进行焊接或用螺栓连接。固定时注意要用水平尺对机组进行找平，通过不断调整工字钢将机组调平。

机组固定好后，要及时用木板将周围平台搭设好。根据现场的管路布置，可以灵活调整冷凝器两头盖板，以达到优化管路布置的目的。将机组启动柜可靠布置在机组旁边利于操作方便的位置，同时注意与机组之间留下一定的空间，以给平时的操作维护带来方便。

盐水管路、清水管路与机组之间采用法兰连接，要合理地布置安装阀门，利于平时开启与关闭操作，同时又便于维护时拧螺栓等。

### 4.4.4 冻结系统的管路安装和保温

清水管路和盐水干管采用焊接，在需要调整的地方采用法兰连接。隧道内的盐水管用管架敷设在隧道管片斜坡上，用法兰连接。在盐水管路和冷却水循环管路上要设置阀门和压力表、测温仪测试组件等。

集配液圈与冻结管用高压胶管连接，每组冻结管的进出口各装阀门一个，以便控制盐水流量。

盐水管路经试漏、清洗后用保温板或棉絮保温，保温厚度为 20 mm，保温层的外面用塑料薄膜包扎。冷冻机组的蒸发器及低温管路用棉絮保温，盐水箱和盐水干管用 20 mm 厚的保温板或棉絮保温。

由于混凝土和钢管片相对于土层要容易散热得多，为加强冻结帷幕与管片胶结，将钢管片格栅内用素混凝土填充密实，然后采用保温板对冻结帷幕发展区域管片进行隔热保温。在冻结管的端部区域范围内布置冷冻排管，同样将钢管片格栅内用素混凝土填充密实，然后采用保温板对冻结帷幕发展区域管片进行隔热保温。

### 4.4.5　冻结施工

(1) 积极冻结

设备安装完毕后进行调试和试运转。在试运转时，要随时调节压力、温度等各状态参数，使机组在有关工艺规程和设备要求的技术参数条件下运行。冻结系统运转正常后进入积极冻结。

此阶段为冻结帷幕的形成阶段，要求冻结孔单孔流量不小于 5 $m^3/h$；积极冻结 7 d 盐水温度降至－20 ℃以下，积极冻结 15 d 盐水温度降至－24 ℃以下，去回路温差不大于 2 ℃；开挖前盐水温度降至－30 ℃以下。如盐水温度和盐水流量达不到设计要求，应延长积极冻结时间。

(2) 维护冻结

在积极冻结过程中，要根据实测温度资料判断冻结帷幕是否交圈和达到设计厚度，同时要监测冻结帷幕与隧道的胶结情况，测温判断冻结帷幕交圈并达到设计厚度，可进入维护冻结阶段。

维护冻结期温度不低于－25 ℃，冻结时间贯穿隧道开挖支护始终。

# 第5章　冻结施工中的关键技术问题

冻结法由于适应性广，技术可靠，在市政工程中的应用越来越广泛。但由于土的冻胀是一个物理力学过程，在冻结过程中水热状态发生变化，引起土中应力应变的变化，使得在冻结过程中产生冻胀及融沉现象。而冻胀和融沉经常会引起周围建筑物和管线的变形、破坏等问题，使其对冻结周围的环境产生影响，甚至会造成灾难性事故，给国民经济造成巨大的损失。因此，研究土体的冻胀与融沉十分必要，具有很强的现实意义。随着城市地铁建设的发展，越来越多的地铁隧道穿越城市繁华地段，建筑物密集，对地面变形提出更高的要求，因此更有必要对冻结产生的冻胀和融沉进行研究。

当土体温度达到土中水结晶点时，土中水便开始冻结，伴随着土中空隙水和外界水源的补给而形成冰晶体，引起土体体积增大，导致地表不均匀抬升，产生冻胀现象。停止冻结后，冻结后的土体便开始融化，伴随着土体中冰晶体的消融，出现沉陷，发生融沉现象。

评价土体冻胀及其对周围地下结构或构筑物的影响，通常采用冻胀率和冻胀力指标。冻胀率定义为冻胀量的增量和冻结深度增量的比值，而冻胀力定义为土体冻结膨胀因受约束而对周围结构或构筑物产生的力。

影响土体冻胀和融沉的因素有很多，其中土的分散性是反映土冻胀性的重要指标，土粒子的矿物成分和交换离子特性直接影响到土粒子表面的物理化学特性；土中水分是冻胀的首要条件，而水分多少则是影响冻胀的基本因素；低温是冻胀产生的必要条件之一，同时上部荷载会直接对冻胀产生抑制作用。

## 5.1　复合地层中的冻胀控制技术研究

### 5.1.1　冻土冻胀机理研究

含水土体的冻结伴随着复杂的物理、物理化学、物理力学过程。在含水土体的冻结过程中，除黏性细粒土中的原位水发生冻结外，还会发生未冻水向冻结锋面的迁移，从而引起土中水分重分布和析冰作用。冻结时土中所含的自由水、毛细水及一部分弱结合水随温度降低相继相变成冰，生成许多冰晶体、冰夹层、透镜体等冰侵入物，从而引起土颗粒的相对位移，使得土体体积膨胀，外观上表现为土层的均匀或不均匀隆起、鼓包、开裂等，即所谓“冻胀”现象。

冻胀可分为原位冻胀和分凝冻胀。原位冻胀是指冻结锋面前进过程和已冻土继续降温过程中，正冻土中的孔隙水或已冻土中的未冻水原位冻结，造成体积增大 9%，但由于外界水分补给并在土体迁移到某个冻结位置，体积增大会远大于 9%，因此开放系统饱和土中分凝冻胀是构成土体冻胀的主要分量。分凝冻胀指由于冻结引起水分迁移及重分布使之集聚在冻结锋面后方并冻结，分凝成冰透镜体，体积增大 109%。一般来说，分凝冻胀的机理包括水分迁移和成冰作用两个物理过程。

对冻土水分迁移机理及水-冰相转换的认识是从微观角度研究冻土物理力学性质、土体冻胀融沉规律的基点。正是冻土中冻结过程中的水分迁移，引起土中水分的重新分布和析冰作用，使土体的性质发生剧烈的跳跃式变化，如黏聚力增大、强度提高，体积大大增加。

基于土体冻结过程中水分迁移机理的重要性，研究工作者已经花费很大精力集中于这一方面的研究。但是，由于水分迁移过程受到许多复杂因素的影响，并依水分的相转换及各种类型水的变化而变化，使这个问题的研究仍没有一个统一的、完善的并有定量依据的水分迁移理论，仍是一个引起激烈争论的问题。但是，已经通过室内试验，得到了正冻土由温度梯度引起的水分迁移的驱动力三要素：温度、未冻土含水量和土水势之间的经验关系。

对冻土中析冰作用的研究，已经认识到，冻土中的析冰作用与土体类型、含水量及水分分布、温度和荷载条件密切相关。

### 5.1.2 冻结过程中的水分迁移规律

大量的研究可以归纳为以下几种观点：

(1) 热量、流动动力观点

这种观点认为，在热力梯度的作用下，毛细孔隙胶体介质中会发生热量与物质的传递迁移，致使水分在土系中移动，称之为薄膜水迁移。

(2) 抽吸力、结晶力观点

抽吸力观点认为，土体矿物骨架的吸力作用造成水膜外层压力亏损而引起水分迁移。水分迁移流量取决于土的吸力与外荷载，以及冰晶体增长所产生的压力差值。而结晶力观点认为，在冰-水系统中，冰晶作用所产生的压力梯度会引起水膜移动。也有人认为，水-冰边界上的吸力与水向冰晶生长方向迁移势取决于土体的孔隙尺寸，因而也就归结到抽吸力观点之中。事实上，抽吸力是一种综合力，它包括孔隙力、毛细作用力、结晶力等。因此，抽吸力依土体埋藏条件、岩土的化学成分、孔隙率变化而变化。

(3) 物理化学观点

这种观点认为矿物颗粒表面、同一相内离子交换、同相分界表面离子相吸附的薄膜水，或土体颗粒表面能等势差作用均是水分迁移的基本力。这种势差取决于土颗粒大小、土的吸水作用力大小等因素。

(4) 构造形成观点

这种观点认为土粒的凝聚作用、分散作用、压缩沉陷等形成了水分迁移和薄膜水结构特征，是水分迁移的动力。

总之，关于水分迁移的学说很多，但无论哪一种假说都未能全面地解释土体冻结过程中水分迁移的现象。所以，有些学者就用一种综合力来解释这种现象，即使如此，仍未能解释水分迁移的全面过程。

从以上各种观点可以得知，土体冻结过程中要使水分能在土中流动，就要有一个“力”或“势”作为驱动。从现有的文献看，除现有特大孔隙率的土体冻结时，水分迁移以水蒸气扩散的形式自地下水面向冻结锋面迁移为主外，其他土体的水分迁移是各种驱动力综合作用的结果，尤以薄膜-毛细作用迁移方式为甚。

尽管水分迁移的机理十分复杂，目前还未能有十分全面的解释，但基于大量的研究，已有下面的一些共同认识：

(1) 冻土中未冻水和冰的驱动力平衡原理

冻土中未冻水和冰的数量、成分及性质不是固定不变的，而是随外界热力作用的改变而处于动态平衡之中。换言之，土体的相态平衡是一种动态的平衡，外部热力作用如温度、压力等的不断变化，使得水分迁移现象在土体中不断地进行着。这种迁移现象不仅发生在迁移面，而且也发生在已经冻结的土体中。

(2) 冻土温度及温度梯度对水分迁移的影响

黏性细粒土土体降温是水分迁移的基本外在因素。土体降温引起水结晶、冰分凝、土颗粒自由能量增长，使得冷源方向存在着各种分子力，引起土体内部液态水向冻结锋面不断迁移。

土体温度越低，土体中未冻水含量越少，含冰量越大。降低负温，不仅减少了土中未冻水含量，而且改变了未冻水的性质，如盐分浓度增大，黏度增大，冻结温度降低等。

冻土温度梯度决定着水分迁移的大小。在有外来水源补给的情况下，土体冻结锋面上的冷却温度越高，时间越长，外部渗入水分在冻结面上形成的冰晶体、冰夹层的厚度也越厚。所以说，冻土的温度梯度越小，水分迁移量越大；温度梯度越大，水分迁移量越小。

在已冻土中，当冰面及土颗粒表面存在着未冻水时，在温度梯度的影响下，未冻水迁移也遵循正冻土中薄膜水迁移的基本规律。

(3) 荷载作用对水分迁移的影响

除冻土温度外，外荷载对未冻水含量的影响十分显著，外荷载越大，冻土中的未冻水含量越大，含冰量越小。这是由于在外部压力作用下，矿物颗粒的接触点上会产生巨大的接触应力，促使冻土中冰产生融解，因而使未冻水含量增加。

(4) 土的粒度组成对水分迁移的影响

土颗粒越细，土颗粒比表面积越大，自由表面能越大，因而结合水的厚度也相应增加，在相应的负温度条件下未冻水含量也就越高，因此，冻融现象研究的主要对象是细粒土。

(5) 水分迁移量的计算

水分迁移量的计算是计算冻胀融沉的基础，如能准确地计算出冻结过程中水分迁移量，则冻胀和融沉的精确计算也就成为可能。但是由于水分迁移的复杂性，水分迁移量的准确估计目前还只能是通过实验、现场实测等方法给出经验数据，或进行理论研究。

(6) 未冻水含量和含水量的计算

对于自然冻土，苏联学者给出了一些经验及基于抽吸力迁移理论的水分迁移量计算公式，但参数多，有些参数难以确定，仅能作为参考。

安德森等人给出了与冻结温度和比表面积有关的无盐土未冻水含量计算公式：

$$W_u = \alpha t^{\beta} \tag{5-1}$$

根据安德森选用的 11 个有代表性的土(比表面积 $S$ 为 0.02～800 $m^2/g$)进行实验，系数 $\alpha$ 和 $\beta$ 与冻土比表面积有关。用回归方程分析，得到概括性的水相组成的方程式：

$$\ln W_u = a + b\ln S - cS^{-d\ln t} \tag{5-2}$$

根据他的试验资料，系数 $a=0.261\ 8$；$b=0.551\ 9$；$c=1.449$；$d=0.264$。

在无荷载作用条件下，当土的比表面积 $S$ 值为已知或可估计时，便可用上述公式计算出任意负温的无盐土未冻土的含水量。

### 5.1.3 冻胀模型的建立

冻胀计算的模型按照物理参数的选择方式可以分为确定型计算模型和随机型计算模型。确定型计算模型根据精确确定土的物理、力学、热学参数以及它们之间的数学关系计算冻胀；随机模型则是一个暗箱，综合考虑多种影响因素，借助模拟实验和统计规律来获得冻胀。

按照计算原理划分，冻胀模型又可以分为经验和半经验计算模型、流体模型、流体动力学计算模型、刚冰模型及热力耦合模型。

（1）经验及半经验公式

经验及半经验公式是基于大量实验室和现场观察的结果。其中半经验公式是利用实验或观察获得的参数结合理论分析而得到的计算公式。

如我国从20世纪70年代以来，设立了与冻胀有关的观测站20个以上，进行了大量的室外研究，同时，以中科院兰州冰川冻土研究所为首的一批科技工作者也进行了大量的室内研究，对各种影响因素与冻胀之间的关系总结了不少经验公式，并提出了多种土的冻胀分类方案。

试验表明，粗颗粒土中粉黏颗粒含量对冻胀率有明显的影响。当粉黏颗粒含量小于12%时，即使在充分饱水条件下，冻胀率不大于2%；当粉黏颗粒含量大于12%后，冻胀率明显增大。

根据细砂在不同分散度时的室内冻胀试验资料，给出冻胀率与比表面积($S$)间的经验公式：

$$\eta = 0.59e^{1.7\alpha S} \tag{5-3}$$

式中 $\alpha$——比例系数，取 $10^{-3}$。

非饱和土中存在起始冻胀含水量，即当土体初始含水量小于起始冻胀含水量时，冻胀为零，冻胀率为零。黏性土的起始冻胀含水量 $W_0$ 与塑性含水量 $W_p$ 间有如下的关系：

$$W_0 = 0.48W_p \tag{5-4}$$

土的冻胀率与含水量的关系可用下式表示：

$$\eta = A(W - W_0)^B \tag{5-5}$$

粗颗粒土及含水量小于 $W_p+35\%$ 的黏性土的冻胀率与含水量的关系可以表达为：

$$\eta = A(W - W_0)K$$

式中　$A,B,K$——与土的性质有关的系数。

一些试验观测结果表明，冻胀率随地下水位埋深的增大而按指数规律衰减。

外界条件中土的热状况对冻胀的影响主要用冷却速度、冻结速度、温度和温度梯度等指标来衡量，黏性土中冻胀率随冻结速度($V_f$)及优势阳离子在土中的原始量($C_0$)增大而减小。

荷载($P$)对冻土的冻胀起抑制作用：

$$\eta = \eta_0 e^{-AP} \tag{5-6}$$

式中　$\eta_0$——无荷载条件下土的冻胀率；

$A$——与土质有关的系数。

从工程实用目的出发，在室内外大量试验和观测资料统计的基础上，提出了各种冻胀量计算的经验公式，其中在工程实践中应用较广的有以下几个：

对于地下水深埋的情况，即封闭体系的冻胀量按下式计算：

$$\eta = A(W - BW_p) \tag{5-7}$$

对于地下水浅埋的情况，即开放体系的冻胀量按下式计算：

$$\eta = Ae^{BZ} \tag{5-8}$$

式中　$A,B$——与土质及当地冻结条件有关的系数；

$W$——土层冻前含水量；

$W_p$——塑性含水量；

$Z$——地下水埋藏深度。

则冻胀量为：

$$H = \eta H_f \tag{5-9}$$

式中　$H$——冻胀量；

$H_f$——土层冻结深度。

(2) 流体动力学模型

20 世纪 70 年代，计算机技术的发展，使得人们能够用数值方法求解复杂的微分方程。Harlan 在 1973 年提出了一个流体动力学冻胀模型。流体动力学模型是基于非饱和土中水的运动和正冻土中水的迁移的相似性并用热量关系建立的。此后基于这个模型，Sheppard(1978)、Janson(1978)、Fuda(1982)、Guymon(1993)等相继提出了一系列新的计算模型，并用于解决季节性冻土层冻融问题，特别是季节冻土区道路的冻融分析。

流体动力学模型可以解决包括冻融在内的冻土的各方面问题，但是这种模型没有描述冰晶的构造问题，也没有考虑上覆荷载的影响。

(3) 刚冰模型

O'neill 和 Miller(1982)提出的刚冰模型是基于 Miller(1972)提出的二次冻胀模型,即冰晶的生长是在冻结冰锋面后面一定距离,在冰晶和冻结冷锋面之间是部分冻结,这部分区域是由冰晶和水填充。

按照这一理论,新的冰晶是在冻结锋面处有效应力足以克服超荷载时开始生成。刚冰模型假设冻结边缘的冰与增长的冰晶是刚性连接、孔隙冰可以移动,因而称为刚冰模型。刚冰模型可以用于计算冻胀问题,但不能用于计算融沉。

在第一个刚冰模型之后,其他一些研究学者如 Holden(1983)、Ishizaki(1988)、Piper(1987)又相继提出并发展了刚冰模型。Sheng(1994)提出了基于刚冰模型的新模型,可以用于处理现场条件如层状土层、非饱和土层问题,据介绍其计算值与现场观察值十分吻合。Sheng 和 Ladanyi(1987)在刚冰模型中考虑了应力和应变特性,但没有把它们和热-质传输方程联系起来。

Hopke(1980)提出了与刚冰模型基本类似的模型,首次考虑了外力的作用。Gilpin(1980)、Nixon(1991)、Padilla(1992)等也相继提出了类似的模型。

(4) 水热耦合模型

水热耦合模型是把冻土的力学特性和水-热传输一起考虑,即把水分场、温度场和应力场统一考虑。这种模型首先是由 Duquenoi 等于 1985 年、Fremond 和 Mikkola 于 1991 年提出的。模型基于质量、动量、能量守恒定律和熵不均等原则。在这一模型中,饱和水土被视作是由颗粒骨架、液体水和冰三种介质组成。水热力耦合模型可以描述孔隙水的冻结、孔隙水和热的传输以及冻胀融沉过程。

### 5.1.4 土体冻胀性分类

应工程需要,对土的冻胀性进行分类是十分必要的。一般来讲,土体的冻胀性分类主要是基于在永冻土或季节冻区每年发生的大量的道路破坏提出的(Kuebler,1964;Dueker,1939)。如果一种土层经过一次或多次冻融循环后,与最初的土层性质相比超过了一定量的改变,那么就说这种土是冻结敏感的。这些土层性质主要是指体积的改变(冻结时的冻胀、融化时的沉降)和融化后的力学性质(抗剪强度、承载能力)。

最早对土层冻结敏感性的分类标准是依据颗粒粒径级配确定的(Casagrande,1931;Duecker,1939;Achaible,1957)。土层被简单地分成冻结敏感和冻结不敏感两种。随着研究的不断深入,人们提出了新的判定准则。对土的冻胀性的各种分类方法见表 5-1。

**表 5-1　对土层冻胀分类方法**

| 判断标准 | 参考文献 |
| --- | --- |
| 毛细水上升高度 | Scheiding(1934),Beskow(1949) |
| 土的液限 | Rieke,et al. (1983) |
| 比表面积 | Rieke,et al. (1983),Nieminen(1989) |
| 冻胀速度 | U. S. Army Corps of Engineers(1965) |
| 弹性冻胀系数,即融化后的剩余冻胀量和 24 h 最大冻胀量的比值 | Dysli(1991) |
| 吸水能力 | Stepkowska/Skarzynska(1989) |
| 试样的冻胀压力 | Kujala(1993) |
| 分凝势 | Konrad/Morgenstern(1980),Kujala(1991) |
| 细度因子 | Rieke,et al. (1983),Vinson,et al. (1987),Kujala (1991) |

从表 5-1 可以看出,许多人把孔隙比和比表面积作为判定冻胀敏感性的依据,但同时也要考虑其他因素,如有同样比表面积的土层由于具有不同的强结合水和不同的金属离子,因而其冻胀量也不是完全一样的。

颗粒粒径级配虽然不是很好的判断准则,但结合其他因素综合考虑在国内外的实际工程中也得到了应用。

英国“运输和道路研究实验室”把试样高度 152 mm 时冻胀量 13 mm 作为土层冻胀敏感性的判定准则。

美国“冻区和寒区工程实验室”的试验把特定试样按一定的冻结速率作为土层冻胀敏感性的判定准则。

使用分凝势($SP$)进行土体冻胀性分类的方法逐渐增多。分凝势 $SP$ [$mm^2/(s\cdot℃)$]是开敞系统冻结试验中水分迁移速度 $V$(mm/s)和冻结带内的温度梯度的比,即:

$$SP = V/\mathrm{grad}(T) \tag{5-10}$$

$SP$ 描述了时间、荷载和冻结条件有关的土层吸水性及冰晶形成的能力,$SP$ 值越大表明土层的冻胀敏感性越强。假定所有吸收的水都转换成冰使体积增长 9%,那么由 $SP$ 也可以算出冻胀速度:

$$h_f = 1.09V = 1.09 \times SP \times \mathrm{grad}(T) \quad (\mathrm{mm/s}) \tag{5-11}$$

由于影响冻结敏感性的因素众多,可以说目前没有很理想的方法,而具体工程涉及的土层往往是很复杂的,对其冻胀敏感性的判断,要综合考虑各方面因素。

### 5.1.5 冻土的冻胀影响因素

多年来，世界范围内土工学者及工程技术人员通过科学实验与理论研究，取得了大量研究成果，对冻胀的研究逐渐深化，朝着从宏观观察到微观、细观探索水分迁移机理和成冰机制方向发展，提出诸多冻胀理论。但是，目前各种观点尚不统一，没有一个完整的理论能够科学地解释冻胀现象。总体来说，冻胀的影响因素包括以下几个方面：

（1）土的物理性质

研究表明，土的物理性质因素如密度、颗粒级配及矿物成分等对冻胀有明显的影响。

土体的含水饱和程度不同，密度对土体冻胀的影响也不同。饱和度为100%的土体，密度的增加必然导致排水，降低土中水的含量，使冻胀量减少；对三相体系的土体，密度增加使孔隙体积减小，较少的冰侵入体即可充斥孔隙并相互接触或与土体颗粒接触，较早较大地引起冻胀。

粉土中具有较显著的毛细现象，毛细水上升速度快，高度大，水源补给通道通畅。而且，这类土颗粒较细，表面能大，土颗粒矿物成分亲水性强，能结合较多的结合水，所以，细粒土特别是粉土、粉质黏土和粉质亚黏土冻胀性最为显著，开放系统尤其如此。

黏土结合水膜较厚，但毛细孔隙很小，对水分迁移的阻力很大，水源补给通道不畅，故其冻胀性比细粒土小。

粗粒土的结合水少，无毛细现象，排水条件好，水分从冻结锋面挤出，孔隙中自由水冻结后，不发生水分迁移，因而不会发生冻胀。只要粗粒土的粉颗粒含量低于5%（粒径小于0.005 mm），土体一般不会发生冻胀。

综上所述，土的冻胀性由强到弱依次为：粉土→黏土→粗砂→砂砾、砾石土。

（2）含水量及盐分

冻结土体处于开放系统即有外界水源供给时，冻胀量将增加，因此，如果冻土区地下水位较高时，冻胀现象显著；如果土体含水量低于起始冻胀含水量，则土中水分多为结合水，需较大的冻结能量才能克服，所以几乎不产生冻胀。

土中如果含盐量较高，冻结温度将降低。用单价阳离子氯化物盐化的土能完全消除水分向冻结锋面迁移，即使在有自由水流入补给情况下也如此，从而抑制了冻胀。交换阳离子抑制冻胀的程度，按以下顺序：

$$Na^{+},K^{+}>Ca^{2+},Mg^{2+}>Fe^{3+},Al^{3+}$$

黏土中水化膜的厚度取决于离子半径的大小。离子半径越小，离子的水化半径越大，形成的水化膜越厚。一价离子的双电层厚度比二价离子的双电层厚度大，在表面电势恒定时，一价离子的双电层厚度约为二价的 2 倍。较厚的水膜增大了水分迁移的阻力，减小了水分迁移的通道。

地下水流速对冻胀也有较大影响，王朝晖等研究表明，流速在 10 m/d 以上的动水，使冻结形状发育不规整，扩展速度从背水面向迎水面减小。

(3) 温度场

温度因素包括冻结过程土体的温度以及冻结时内部的温度梯度、冷却速率等。

负温是冻胀产生的必要条件之一。土体在负温下冻结，而且在不同的负温下显示出不同的冻胀特性。在开敞的体系中，其冻胀可分为 3 个阶段：第一阶段，土体冻胀强度随负温的降低而剧烈地增长，其增长值约占最大冻胀值的 70%～80%，负温变化范围为起始冻结温度至－3 ℃左右。第二阶段：土体冻胀强度增长缓慢，其增长值一般占最大冻胀值的 15%～20%，负温变化在－3～－7 ℃。第三阶段：土体冻胀率处于稳定或略有增长，一般在 5%左右，负温变化在－7～－10 ℃。起始冻结温度由于不同土质的分散程度、矿物成分以及水溶液浓度的不同而不同。一般砂土的起始冻结温度为 0～－0.2 ℃；一般性黏性土起始冻结温度为 0～－2.5 ℃。

温度降至低于 0 ℃时，土体首先因热胀冷缩以及冻结锋面的抽吸力使未冻土粒互相啮合而体积收缩，当土中形成结晶中心时，自由水首先开始冻结，随温度的降低，结合水相继冻结，冻胀量增大。

温度梯度越大，冻结锋面的推移速度越快，会使土中的水分迅速被冻结，冰晶体堵塞供水通道，水分不能迁移汇集，基本上是原位冻胀，所以冻胀量小。此时，在土层中看不到冰夹层，只有散布于土孔隙中的冰晶体。与慢速冻结相比，冰层分布比较均匀，分凝冰层数较多，冻结缘厚度薄。崔托维奇称之为块状(整体状)冷生结构。

(4) 冻结边界条件

边界条件包括应力水平、冻融循环次数等因素。

在一定应力水平下，土颗粒得以固结压密，空隙减少，同时减小了正长冰透镜体下的抽吸力，抑制了未冻水向冻结锋面的迁移和透镜体的生成生长，减少了分凝冻胀量，从而减少冻胀。Othman 和 Benson(1993)发现在 70 kPa 的较高的应力下观测不到透镜体。

荷载对土体冻胀的抑制作用，用冻胀率与荷载的关系表达为：

$$\eta = \eta_0 e^{-AP} \tag{5-12}$$

式中 $\eta_0$——无载条件下土冻胀率；

$A$——与土质有关的参数；

$P$——外压力。

随着冻融循环次数的增加，土体导水能力呈增大趋势，1 次循环后，损伤裂缝增加，导水系数可增大一个数量级；3～9 次以后，导水系数的变化不再明显。对初始孔隙率较小的土体，导水系数增加幅度最大。

Peter Viklande 用自行研制的刚性壁渗透仪，对细粒冰碛进行 18 次冻融循环对比试验后发现，松散的土体变得密实，密实的土体变得松散，最后达到一个比较稳定的“残余”孔隙率，其值介于 0.31～0.40 之间，此后，冻胀将不再明显。部分因素对冻胀的影响见表 5-2。

**表 5-2　冻胀敏感性分类表**

<table>
<tr><th>土的名称</th><th>天然含水量 ω /%</th><th>冻结期间地下水位低于冻深的最小距离/m</th><th>冻胀性类型</th></tr>
<tr><td>岩石、碎石土、粗砂、中砂、细砂</td><td>不考虑</td><td>不考虑</td><td>不考虑</td></tr>
<tr><td rowspan="6">粉砂</td><td rowspan="2">ω<14</td><td>>1.5</td><td>不冻胀</td></tr>
<tr><td>≤1.5</td><td rowspan="2">弱冻胀</td></tr>
<tr><td rowspan="2">14≤ω<19</td><td>>1.5</td></tr>
<tr><td>≤1.5</td><td rowspan="2">冻胀</td></tr>
<tr><td rowspan="2">ω≥19</td><td>>1.5</td></tr>
<tr><td>≤1.5</td><td>强冻胀</td></tr>
<tr><td rowspan="7">粉土</td><td rowspan="2">ω≤19</td><td>>2.0</td><td>不冻胀</td></tr>
<tr><td>≤2.0</td><td rowspan="2">弱冻胀</td></tr>
<tr><td rowspan="2">19<ω≤22</td><td>>2.0</td></tr>
<tr><td>≤2.0</td><td rowspan="2">冻胀</td></tr>
<tr><td rowspan="2">22<ω≤26</td><td>>2.0</td></tr>
<tr><td>≤2.0</td><td rowspan="2">强冻胀</td></tr>
<tr><td>ω>26</td><td>不考虑</td></tr>
</table>

**表 5-2(续)**

| 土的名称 | 天然含水量 $\omega$ /% | 冻结期间地下水位低于冻深的最小距离/m | 冻胀性类型 |
|---|---|---|---|
| 黏性土 | $\omega \leqslant \omega_p+2$ | $>2.0$ | 不冻胀 |
| | | $\leqslant 2.0$ | |
| | $\omega_p+2<\omega \leqslant \omega_p+5$ | $>2.0$ | 弱冻胀 |
| | | $\leqslant 2.0$ | 冻胀 |
| | $\omega_p+5<\omega \leqslant \omega_p+9$ | $>2.0$ | |
| | | $\leqslant 2.0$ | 强冻胀 |
| | $\omega>\omega_p+9$ | 不考虑 | |

### 5.1.6　冻胀控制综合技术

对于人工冻土,土中孔隙冰和土体分凝冻胀的产生和发展取决于土性、外荷载、水和温度。而当工程条件一定时,土体的附加荷载、土性、水的性质就确定了,人工冻土唯一可控制因素即为温度,温度控制了土体的冻结速度、温度梯度、水分迁移方向、速度和迁移量,从而影响了土中水的相变速度、成冰位置和数量。因而冻胀控制的关键就是冻结冷源温度——盐水温度。中科院长期从事冻土研究的一些资深研究人员也认定并指出:热物理方法是控制冻胀的四大方法之一。国外的一些隧道冻结也已证明了间歇冻结模式在欧洲一些国家有效地控制了冻胀的发展。为了了解和掌握土体在不同冷端温度(冻结条件)下冻胀的发展变化规律,通过系列试验,研究冻结模式变化对于土体的影响。

试验分为三种冻结模式。即:

① 连续冻结模式。盐水温度稳定下降后保持在某特定负温(图 5-1)。

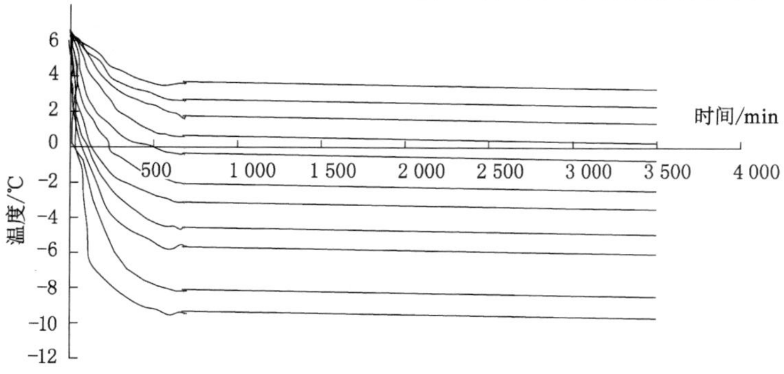


图 5-1　连续冻结模式

② 分步冻结模式。盐水温度阶段式下降并相应保持一段冻结时间(图 5-2)。

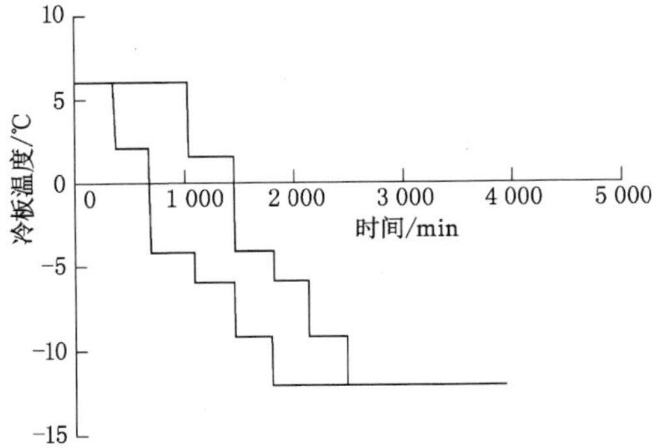


图 5-2　分步冻结模式

③ 连续-间歇冻结模式。该模式通过连续冻结阶段达到深冻结拟稳定阶段,然后变化冷端温度的幅度和时间间隔。根据温度变化幅度和间隔分为 C1、C2、C3、C4 共 4 种(图 5-3)。

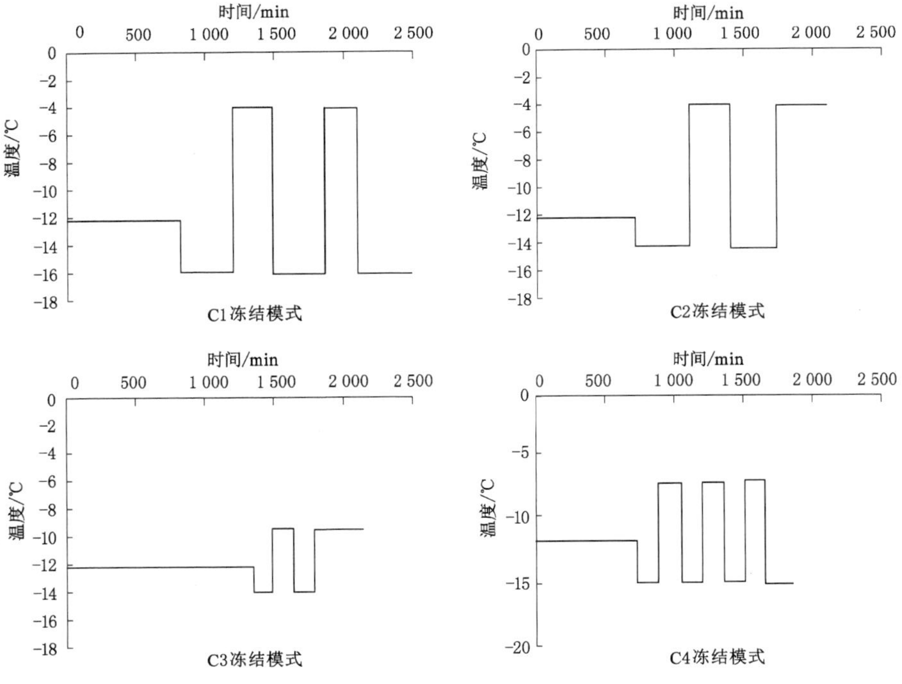


图 5-3　连续-间隔冻结模式

通过试验得到连续冻结、分步冻结和连续-间歇冻结三种模式的抑制冻胀效果，证实了连续-间歇冻结模式的优越性，而在连续-间歇冻结模式中又比较了大幅度、低频率，小幅度、高频率和大幅度、高频率三种变温方式在抑制冻胀发展方面的效果，发现后两者均优于前者。表 5-3 给出了几种冻结模式的试验效果比较。

**表 5-3　三类冻结模式的冻胀发展情况比较**

| 冻结模式 | | 试验组别 | 冻结深度/cm | 最大冻胀/mm | 冻胀率 |
|---|---|---|---|---|---|
| 连续冻结 | | A1 | 7.812 | 7.018 | 0.089 84 |
| 分步冻结 | | B1 | 7.610 | 6.342 | 0.083 34 |
| 连续-间隙冻结 | 大幅低频 | C1 | 7.044 | 1.573 | 0.022 33 |
| | 小幅高频 | C2 | 7.200 | 0.504 1 | 0.007 |
| | 大幅高频 | C3 | 7.964 | 0.175 2 | 0.002 2 |

由表 5-3 可见，在冻结深度相当的情况下连续-间歇冻结模式的冻胀量和冻胀率最小，尤以大幅高频和小幅高频连续-间歇冻结模式时，控制土体冻胀的效果最好。

联络通道冻结施工中，经过综合考虑，可以采用连续控温冻结模式来控制冻结产生的冻胀，目前从试验或理论上对冻结模式与冻胀关系的研究还不多，相关文章报道也鲜为人知。根据试验和数值计算结果，从冻结温度场、水分场的变化入手，对应用冻结模式控制冻胀的机理和其他相关问题作出初步分析。

(1) 连续控温冻结或其他冻结模式(图 5-4)提高了冻土区温度，减小了水分向冻结区迁移的驱动力，从而抑制了冻土的分凝冻胀。

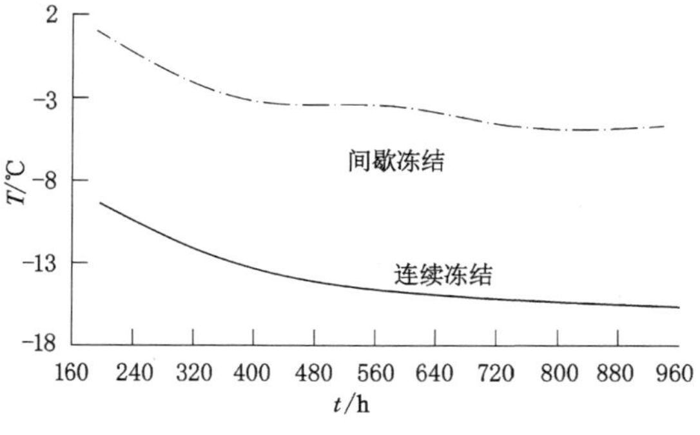


图 5-4　两种冻结模式的冻土温度历时比较

间歇冻结的温度明显高于连续冻结，在试验条件下，差值近 8 ℃。而根据第二冻胀理论（根据该理论 Miller 认为在形成的冰透镜体和冻结锋面之间存在一个冰水共存的区域，称为“冻结缘”），冻结缘内冰水相压力和温度分布服从 Clausius-Clapeyron 方程，该方程阐述了冻土区冻压力和温度的关系：

$$1.09p_i - p_w = -\beta\theta \tag{5-13}$$

式中 $p_i$——冻压力，kPa；

$p_w$——水压力，kPa；

$\theta$——温度，℃；

$\beta$——热力常数，取 1 220 Pa/℃。

由于间歇冻结的冻土区温度 $\theta_s$ 高于连续冻结冻土区温度 $\theta_c$，而它们又都为负值，因此有 $-\beta\theta_s < -\beta\theta_c$。即间歇冻结模式的 $1.09p_i - p_w$ 较小，不利于水分向冰晶迁移，冻胀就较小。

(2) 连续控温冻结或其他冻结模式使与冻土区毗邻的未冻土中的温度梯度相对较小，因而减小了水分迁移速率。

图 5-5 是未冻区间歇冻结的温度梯度与连续冻结的温度梯度比值关系。

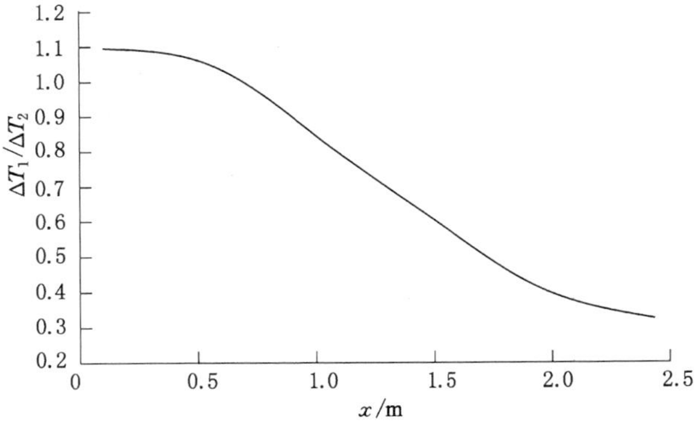


图 5-5 未冻区间歇冻结与连续冻结温度梯度比值关系

Konrad 建立了分凝势模型，提出分凝势的概念。分凝势（$SP$）被定义为正冻土水分迁移速率和温度梯度比值。即：

$$V_f = SP \cdot \mathrm{grad}(T) \tag{5-14}$$

式中 $V_f$——水分迁移速率，cm/s；

grad($T$)——温度梯度，℃/cm。

从图 5-5 可见间歇冻结未冻区的温度梯度 $\Delta T_1$ 与连续冻结的温度梯度

$\Delta T_2$ 的比值多为小于 1，而比值数最小时不到 0.4，显然温度梯度越小，水分迁移速率越小，越不利于水分向冻结区的聚集。

(3) 连续控温冻结或其他冻结模式与连续冻结相比，其冻结锋面推进速度较小，从而减少水分迁移通量。

图 5-6 是两种冻结模式的冻结锋面随时间变化情况。从图中可见在试验条件下，采用间歇冻结，其冻结锋面的推进速度较小，即其冻结速度较小，两种冻结模式冻结速度几乎相差一倍。一般认为减小冻结速度将减小水分迁移通量，从而抑制冻胀。

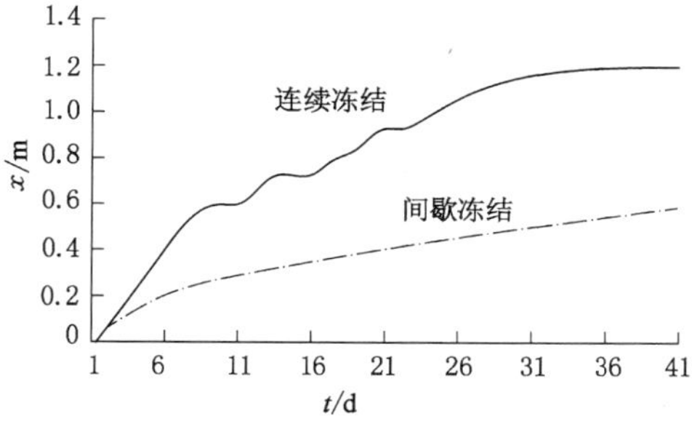


图 5-6　两种冻结模式的冻结锋面随时间变化

但是由于冻结速度小而造成冻结时间拖长，延长了水分迁移时间，可能使水分迁移总量加大。因此这是一对矛盾，是动态问题。试验者认为由于两种冻结模式冻结锋面处的温度梯度相近，而间歇冻结未冻区域温度梯度很小，因此水分迁移的驱动力比连续冻结时小，总结果将不利于冻胀的产生和发展。

(4) 连续控温冻结和间歇冻结两种模式都必须以连续快速冻结为先行，才能收到既使冻土帷幕具有强度和厚度，又能抑制冻胀的良好效果。即只有用连续快速冻结将冻土圆柱迅速发展并相互交接，基本形成冻土帷幕墙后，才可转入连续控温冻结模式。这是因为：

① 实验研究表明，在冻结锋面以较大速度推进阶段和其后冻深拟稳定之前，冻胀量不会大量发生，主要原因是初期的连续快速冻结，此时外部水分还来不及迁移，土内孔隙水已发生冻结，阻断了水分迁移通道。

② 冻胀的起始点是试验土样内温度场接近稳定的时间点，要使稳定的冻深和温度场不断受到变化的冷端边界的扰动，使水分没有充分的时间发生迁移。

(5) 对于不同的冻结模式，冻胀的响应特点是不同的。试验表明，大幅度、高频率的间歇冻结模式冻胀发展最受制约。无论何种冻结模式，试样的预冷也可以起到抑制冻胀的作用。

(6) 连续控温冻结模式与连续冻结模式相比较，前者虽然能达到控制冻胀的目的，但由于冻区温度较高，强度受到削弱，同时冻结锋面推进速度慢，冻结工期需适当延长，而连续冻结模式优缺点与之相反。

## 5.2 复合地层中的融沉控制技术研究

### 5.2.1 冻土融化的沉降过程

富冰冻土融化时，伴随着冰侵入物的消融，冻土将产生融化沉降和压密沉降，土体结构被破坏，物理力学性质大大改变，承载能力降低，引起结构物不均匀沉降，造成破坏。融化后的土体由于冰变成水体积减小而产生融化性沉降，同时在融化区域发生排水固结，引起土层的压密沉降。融化沉降的沉降量与外压力无关，而压密沉降与正压力成正比。冻土的融化沉降量及随时间而发生的过程不仅取决于冻土的性质(冻土构造及冰包裹体的存在等)及作用荷载，而且还取决于融化过程中土的温度状况。此外，冻土还将在其自重作用下发生融化沉降，因为它在天然状态下是不够密实的(由于在冻结期间土将被松散化并且存在冰的结晶联结——胶结冰联结)。相应地，在工程上一般都是以融沉系数 $A_s$ 来描述冻土的融化沉降，用压缩系数 $A_r$ 来描述融土的压密沉降。

通常融沉要大于冻胀，有时候融沉会变为突陷。融沉的不均匀性及突陷往往会导致结构的破坏。像冻胀一样，融沉也与温度、温度梯度、上覆荷载以及土层的物理、力学及热学性质有关。

冻结地层温度上升，冻土发生融化，冰晶和冰膜融化成水，只要条件适宜，在重力和上覆荷载的作用下将发生排水，土层重新固结。土层发生固结造成的沉降与冻结过程中形成的土粒结构的稳定性、冰融化成水释放的自由孔隙空间以及上覆荷载的重量有关。

如果冰层融化的水大于土体的排水能力，而土体又没有可供这部分水膨胀的空间，则会导致超孔隙水压力，这种超孔隙水压力会大大降低土层的强度。

对融土，特别是在冻结时形成层状和网状构造的融土，其抗剪强度将降低达 80%之多，而对于冻结形成整体状构造的冻土，融化后的土抗剪强度则可能不会降低。在任何情况下，冻土融化时凝聚力将急剧降低，而内摩擦角则可能无明显变化，特别是对粗骨架土和砂土。

按照 Kujala(1989)的说法，在融化过程中的绝对沉降量要比由于后加上覆荷载一起的固结沉降量大，如果在融化过程中已存在有上覆荷载，则这种情况下的最终沉降量要比同样的荷载在融化后立即加上去要大。这可以用在非饱和悬浮状态下土颗粒容易进行调整来解释。

20 世纪 30 年代，许多学者特别是苏联的学者就已经开始研究冻土融化时的沉降，研制了专门的融沉测定仪，进行过一系列的现场实测，其后逐步深入。如拉普金根据诺里尔斯克的试验提出把冻土的融化沉降分成两部分："标准融化沉降"(它不仅包括因融化引起的沉降，而且还包括在一定的压力下恒定的压缩沉降部分)和与冻土上覆压力成比例增加的"可变压缩沉降"；戈里什腾(1942)研究了冻土加载及卸载时的压缩性；崔托维奇(1937—1939)研究了受荷载作用冻土的融化下沉。

细粒土在冻结的过程发生冻胀，解冻过程由于土体结构的破坏，发生急剧的沉降，以至于沉降量超过原土面的水平，其最终沉降量超过了冻胀量。当土的颗粒大部分在 50～5 μm 范围，土颗粒排列呈蜂窝状，而小于 5 μm 时呈絮状或羽毛状。冻胀和解冻过程这种结构受到扰动和破坏，尤其在解冻阶段土体结构破坏，孔隙比发生急剧变化，产生很大的沉降量。崔托维奇提出了一种专门的仪器——隔热压缩仪，它能保证冻土试样通过来自具有过滤底板的加热器的热量随时间以平行平面融化，且试验既可以在土样无荷载情况下进行，也可以在对土样施加均布压密荷载达 0.7～0.8 MPa 下进行。

在冻土融化下沉同时压密并且遵循上述边界条件的情况下，这种沉降量完全符合普通土力学中为人们熟知的一维关系式：

$$s = \frac{h}{1+\varepsilon_0}\Delta\varepsilon \tag{5-15}$$

式中　$h$——整个试验土层总的融化深度，cm；

$\varepsilon_0$——冻土的初始孔隙比；

$\Delta\varepsilon$——在均布压强 $p$(kg/cm$^2$)作用下孔隙比的变化。

试验土层完全融化以后 $h$ 和 $\varepsilon_0$ 便是常数；正融土的总稳定沉降取决于可变的 $\Delta\varepsilon$，它不仅是土的性质的因数，而且也是外压力 $p$ 的函数。

另外，崔托维奇研究了正融土(砂土和黏土)沉降在达到稳定状态之前时间的增加过程。试验所获得的正融(未冻)土和同一种土的冻结后又融化的土(冻土)均在 0.1 MPa 荷载下压密(正融土和未冻土)的压缩曲线。

低透水性、饱和细粒土的冻土融化时在外部荷载和自重的作用下产生压缩固结作用。正融土的压缩曲线如图 5-7 所示。

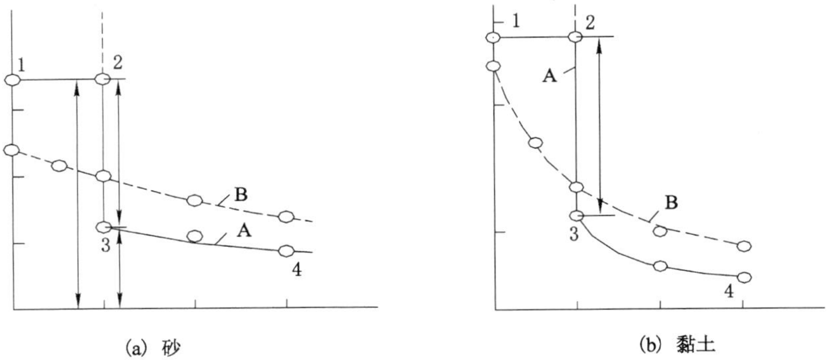


A—冻土融化时；B—未冻土。

图 5-7　冻土融化压缩曲线

不论是砂或黏土，其冻土融化压缩曲线都可以划分为三个特征线段：

① 线段 1—2 表示土体冻结状态下因水分迁移及荷载、冻土流变等作用导致冻土压密。

② 线段 2—3 表示冻土在融化、荷载作用下压缩及水被渗流挤出过程中，土体构造的剧烈变化。

③ 线段 3—4 表示融化后由于残余的渗透固结作用和融土矿物骨架的蠕变引起的附加压缩。

比较未冻结过的土和冻土融化时的压缩曲线可以明显地看出，在融化过程中孔隙比的变化最大，而决定正融土融沉量大小的是融化过程中孔隙比的变化量 $\Delta\varepsilon$ 的值。

### 5.2.2　细粒土冻土融化沉降量计算

在外荷载及正融土的自重作用下，冻土融化产生沉降。根据渗透固结理论，从已融土层的单位面积上渗出的水的体积 $Q$（不计冰转变为水时的高度的少许降低量）等于土的沉降量，即：

$$Q = \overline{A}h + m_v hp \tag{5-16}$$

公式(5-16)的左侧为从已融土层的单位面积上渗出的水的体积；右侧是冻土沉降量，其中第一项是融化沉降量，第二项是压密沉降量。

式中

$$\overline{A} = A/(1 + \varepsilon_0) \tag{5-17}$$

式中　$\overline{A}$——融化系数；

$A$——土的孔隙比变化与外压力关系系数；

$\varepsilon_0$——初始孔隙比；

$h$——冻土融化深度；

$m_v$——体积压缩系数，$m_v=\alpha/(1+\varepsilon_0)$；

$\alpha$——与孔隙比变化与外压力变化相关的斜率；

$p$——荷载。

单位时间和单位面积所渗出的水的体积 $Q_Z$ 为：

$$Q_Z=\int_Z^{Z_1}\overline{A}\,\mathrm{d}z+m_v\int_Z^{Z_1}\frac{\partial p_z}{\partial z}\mathrm{d}z \tag{5-18}$$

冻土在融化的同时被压密。其压密作用可达到被融化层的底部。此时在 $z<h$ 的任意深度内土骨架的压力根据压力分布，可表达为：

$$p_z=p-\frac{z}{h}(p-p_h) \tag{5-19}$$

式中　$p_h$——融化边界处的土骨架的压力。

对上式进行微分，假定 $p_h$ 和 $h$ 为变量，则有：

$$\mathrm{d}p_h=\frac{z}{h^2}(p-p_h)\mathrm{d}h+\frac{z}{h}\mathrm{d}p_h \tag{5-20}$$

将式(5-20)代入式(5-18)得：

$$Q_Z=\int_Z^h\overline{A}\,\mathrm{d}z+m_v\int_Z^h\frac{z}{h^2}(p-p_h)\mathrm{d}h+m_v\int_Z^h\frac{z}{h}\mathrm{d}p_h \tag{5-21}$$

由达西定律知：

$$\frac{kt}{r_w}(p-p_h+r_sh)=\int_0^hQ_Z\mathrm{d}z \tag{5-22}$$

式中　$r_w$，$r_s$——水和土的重力密度。

将式(5-21)代入式(5-22)得：

$$\frac{kt}{r_w}(p-p_h+r_sh)=\overline{A}\int_0^h\mathrm{d}z\int_Z^h\mathrm{d}z+m_v(p-p_h)\int_0^h\mathrm{d}z\int_Z^hz\,\mathrm{d}z\times\int_Z^h\frac{\mathrm{d}h}{h^2}+\frac{m_v}{h}\int_0^h\mathrm{d}z\int_Z^hz\,\mathrm{d}z\int_0^{p_h}\mathrm{d}p_h \tag{5-23}$$

将式(5-23)积分，整理后得：

$$-\frac{3kt}{r_wm_vh^2}+\frac{1}{2}=\frac{3ktr_sh}{r_wm_vh^2(p-p_h)}-\frac{3\overline{A}}{2m_v(p-p_h)}+\ln\frac{p-p_h}{p} \tag{5-24}$$

为简便表达，设

$$\frac{p-p_{\mathrm{h}}}{p}=X \tag{5-25}$$

将式(5-25)代入式(5-24)得：

$$\frac{r_{\mathrm{B}}m_{\mathrm{v}}h^2-6kt}{2r_{\mathrm{w}}m_{\mathrm{v}}h^2}=\frac{6ktr_{\mathrm{s}}h-3\overline{A}r_{\mathrm{B}}h^2}{2r_{\mathrm{w}}m_{\mathrm{v}}h^2pX}+\ln X \tag{5-26}$$

如得知 $X$ 时，便可以求得 $p_{\mathrm{h}}$：

$$p_{\mathrm{h}}=p(1-X) \tag{5-27}$$

进一步可以求得压缩沉降量 $S$，即：

$$S=\overline{A}h+\frac{p+p_{\mathrm{h}}}{2}m_{\mathrm{v}}h \tag{5-28}$$

### 5.2.3 融沉的综合防治技术

目前解决冻结土体融化产生的融沉的方法是在冻土体融化后，向土体内注浆。而目前联络通道冻结施工后的融沉注浆，可根据冻结加固体的自然解冻或是强制解冻情况进行。由于冻土自然解冻的时间一般都比较长，需要半年以上的时间，而由于受施工工期的限制，后期融沉注浆施工的质量不能够得到保证，造成地表沉降大，影响地面建筑物和道路的使用。为了缩短融沉注浆施工工期，减少冻融对地面的影响，需要对冻结加固体进行强制解冻融沉注浆。

强制解冻施工一般是根据冻结加固体的形成情况，并考虑到后续分区解冻的施工方便，将部分冻结管拔出，下注浆花管。而剩下的冻结管，重新连接成冻结循环，通入高温盐水，来进行强制解冻。通过布置在土体内的温度测点来监测冻土体的融化情况。自然解冻和强制解冻不同，自然解冻是一个缓慢过程，而强制解冻采用高温盐水循环办法，其速度可比自然解冻快 5 倍以上。

强制解冻融沉注浆的具体工艺为：首先维持冻结，将冻结管间隔解冻（冻结管每隔一个进行热盐水循环强制解冻，其他冻结管继续维持冻结），解冻过程中对冻结管施加顶拔力，只要冻结管能拔出即停止进行热盐水循环，将冻结管拔出，在拔出的冻结管空间放入专用注浆花管（花管的注浆口套有密封橡胶圈），进行孔口密封，全部解冻的冻结孔放入专用注浆管并做好密封后，利用剩余的一半冻结孔进行分区解冻。

待冻结土体解冻后，利用下入土体内的注浆花管向土体内注浆。注浆材料一般选用单液浆，注浆压力稍大于注浆水平的水土压力。而土体内水平的注浆花管可以保证土体内注浆的均匀性。通过多次注浆，可以保证注入的浆液充填冻土融化后的空隙，减少土体产生的沉降。

## 5.3 冻结信息化施工技术研究

### 5.3.1 冻结温度场监测

1. 测温孔的布置原则

为了确定冻结壁的厚度和开挖时间，在冻结壁内必须打一定数量的测温孔，分别布置于双线隧道内，根据测量温度结果分析判断计算冻结锋面即零度等温线的位置。

测温孔的布置应遵循以下条件：

① 测点的布置应满足判断冻结壁形成的要求；

② 在冻结壁最薄弱的地方应有测点；

③ 测点布置应能满足冻结及开挖施工的其他要求；

④ 应能检测到冻结壁最薄弱地方的冻土发展速度；

⑤ 应能检测到所冻结地层中所有土质的冻土发展速度；

⑥ 应能测量到冻结壁设计的最大值处冻土温度，可以满足冻结计算的要求；

⑦ 考虑到平均温度的计算要求，应在距离冻结管不同间距处设置测温点。

测温孔一般布置在冻结壁外缘界面上，根据冻结孔偏斜情况，也可打在偏斜最大的两孔之间，或打在难以冻结的需要控制观察的主要含水层中。

根据测温孔的深度，在每一孔内布置一定数量的温度测试传感器。由于工程测温对工程具有极为重要的作用，因此测温传感元件要采用稳定性好、精度高、不易损坏的半导体测温元件；同时为促进技术进步，在满足工程施工需要前提下，应尽量采用先进的技术成果。使用测温传感器精度应达到±0.5 ℃。测温管内的测温元件设置后，管口应进行保护，防止测温元件及电缆被损坏。

2. 一线总线制测温系统

一线总线制测温系统采用“一线总线数字化通信”方式，计算机通过RS 485/232或网络线与RTU(远程控制终端)通信适配器相连，直接读取总线上传感器数据和各种模拟量并进行处理。

温度传感器将检测到的温度值通过专用器件变成带有唯一编码的数字信号并通过一条单一总线传送到RTU，经RTU转换后，变成标准RS 485通信协议传送到中央管理站，在中央管理站处由一块RS485/232转换接口卡将信号转换为加强 232 接口标准信号后送计算机软件处理。

系统连接示意图如图 5-8 所示。

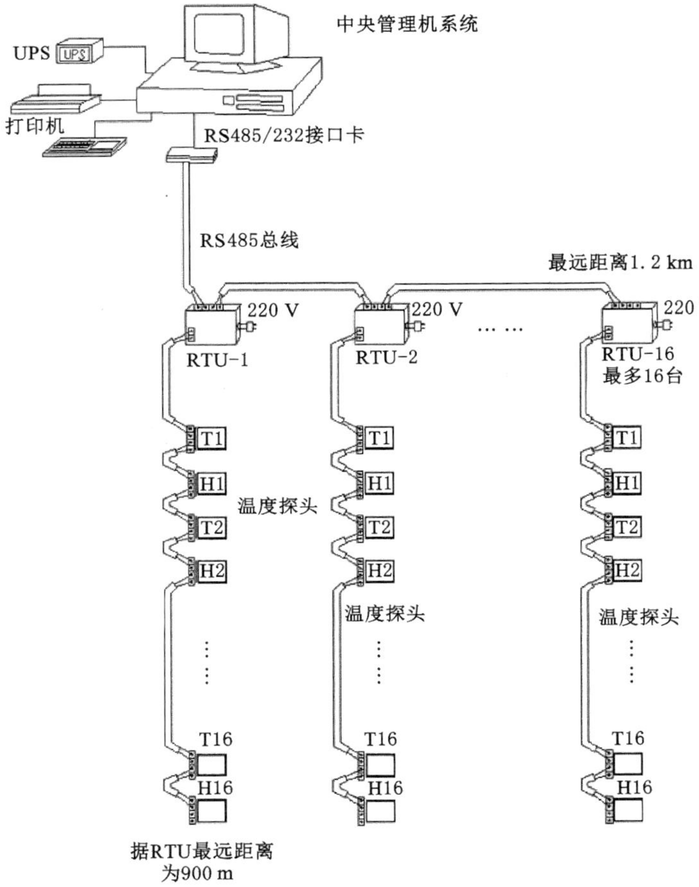


图 5-8　系统示意图

（1）温度传感器

测试系统中的温度传感器如图 5-9 所示，输出形式为数字编码输出。

（2）远程控制终端

该系统是将 RTU 采集到的数据实时地采集并存储到计算机上，并同时在计算机上对数据做一系列的处理，如显示为历史曲线、实时曲线、做成报表、打印输出、零度线等。

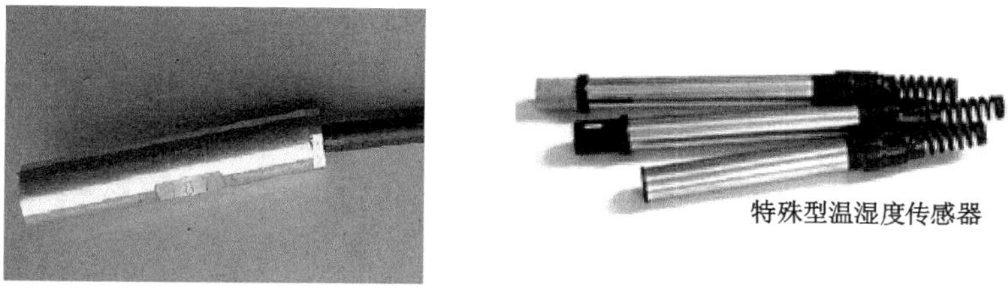


图 5-9　温度传感器图

RTU 具有免配置、即插即用等特点，连接简单、使用灵活。上电时，RTU 主动搜索四个通道所挂的传感器序列号，保存在 RAM 中，断电不丢失，如图 5-10 所示。

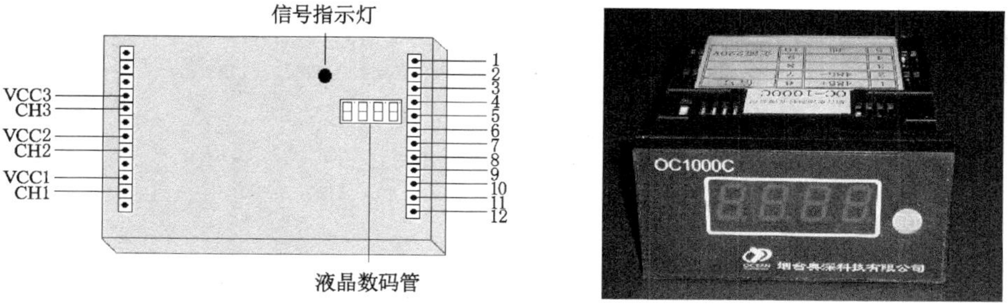


图 5-10　RTU 接线图

(3) 光电转换器

计算机通过光电转换器与 RTU 通信适配器相连，直接读取总线上传感器数据和各种模拟量并进行处理，如图 5-11 所示。

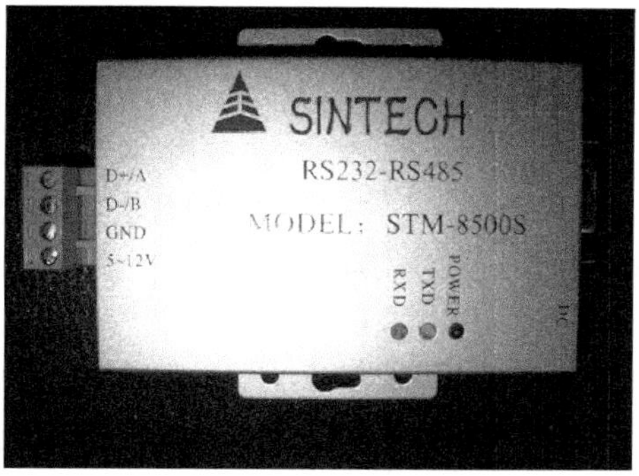


图 5-11　光电转换器图

(4) 友好的用户人机界面

数据采集通用软件除了对测量数据进行读取、分类、补偿并赋予系统要求的各项基本功能外,还可同各种软件交换数据。图形化处理用户界面友好,用户通过计算机屏幕就可以完全直观地掌握温度变化情况,并可以设定界限,实现自动监视报警和控制,现场设备运行状态数据以历史曲线和数据两种形式被长期记录,以备查询。

(5) 系统的主要功能

一线总线制测温系统共分为数据实时监控、历史数据报表、历史曲线、实时曲线、温度曲线对比等五个功能模块。

① 数据实时监控功能

数据实时监控是将实时采集到计算机上的数据显示出来,选择功能菜单,可将该模块显示出的实时数据打印出来。系统的界面如图 5-12 所示。

图 5-12　数据实时监控界面图

② 历史数据报表功能

该功能模块用于将采集到的各个数据点的数据生成报表并打印。在功能菜单中选择测温线功能菜单项,弹出报表历史查询分页框,在该分页框中有三个属性页,通过设定属性可编辑历史报表。

具体的界面如图 5-13 所示。

③ 温度历史曲线功能

该功能模块用于将各个探测点的温度数据以曲线的方式体现出来。在模块的右下方有几个功能按钮,用于打印、设置曲线的显示属性、移动曲线等操

(a) 历史报表界面

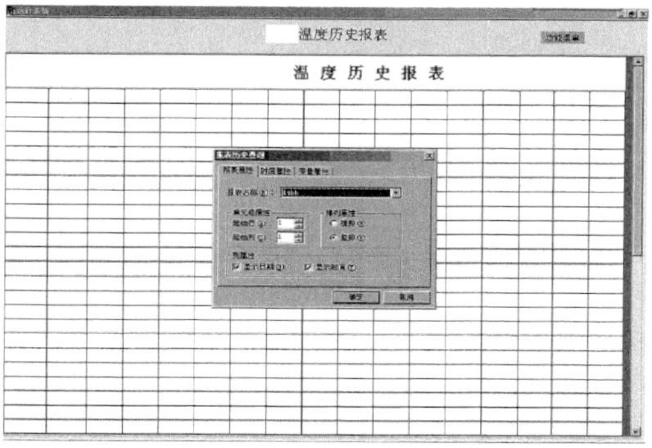


(b) 报表属性界面

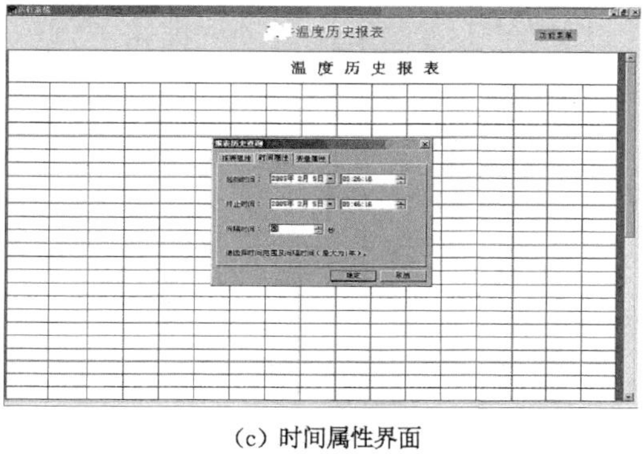


(c) 时间属性界面

图 5-13　数据历史报表界面图

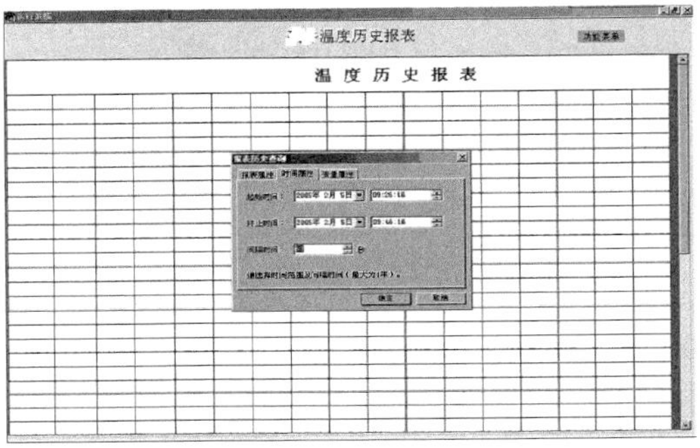


(d) 时间属性界面

图 5-13(续)

作。利用左边和下边的游标可以查看指定时间的曲线温度,其中属性设置主要用于为查询指定时间段的曲线设置时间属性。如图 5-14 所示。

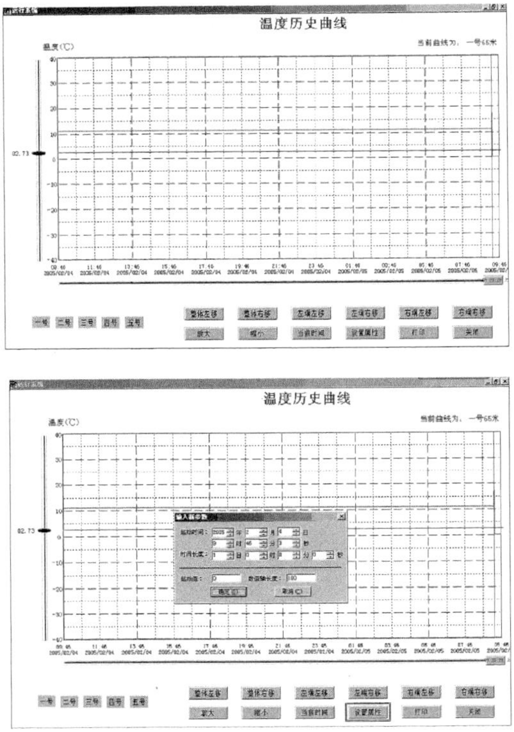


图 5-14　温度历史曲线界面图

④ 实时曲线功能

该功能模块用于反映曲线的实时变化，其界面如图 5-15 所示。

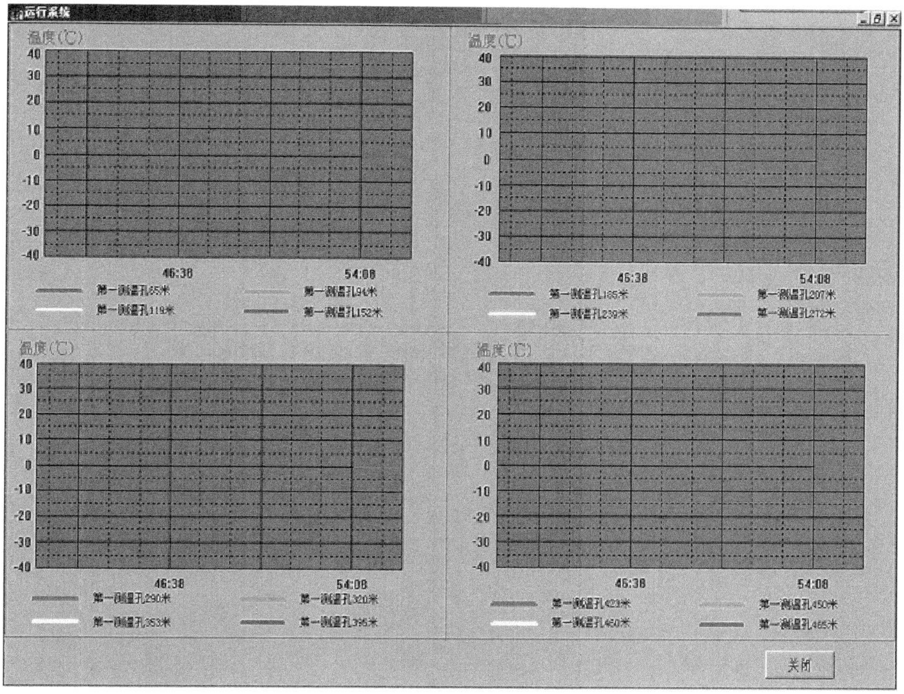


图 5-15　实时曲线功能界面图

⑤ 温度曲线对比功能

该功能模块用于比较指定探测点的历史温度曲线，如图 5-16 所示。

3. 铜-康铜热电偶测温系统

铜-康铜热电偶测温系统由温度传感器和采集系统组成。测温传感器为 2 mm×0.5 mm 的铜-康铜热电偶，型号为 CWR-2，不用补偿导线，按现场需要进行测点布置。

铜-康铜的热电偶元件热电势系数大，低温稳定性好，±5 ℃范围热电势接近直线。热电偶可以使用铜-康铜双绞线焊接，并要求焊接点有较好的绝缘层。

铜-康铜热电偶的电势梯度见表 5-4。

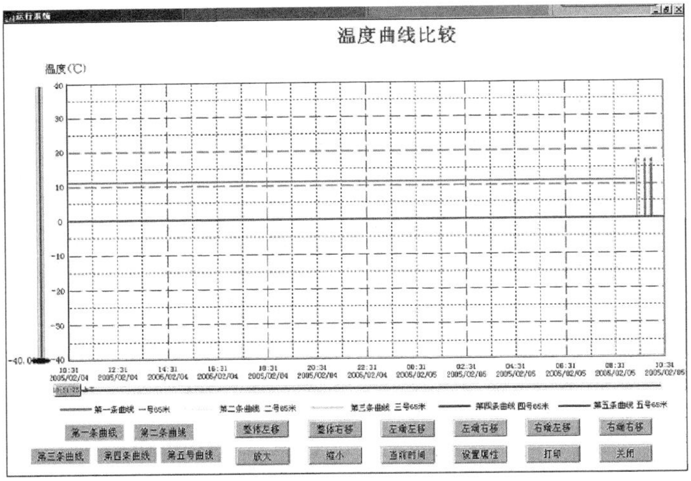


图 5-16　温度曲线对比功能界面图

**表 5-4　铜-康铜热电偶的部分热电势梯度**

| 工作端温度 /℃ | 热电势梯度 /(mV/℃) | 工作端温度 /℃ | 热电势梯度 /(mV/℃) | 工作端温度 /℃ | 热电势梯度 /(mV/℃) |
|---|---|---|---|---|---|
| +10 | 39.1 | −6 | 38.0 | −14 | 37.3 |
| 0 | 0 | −8 | 37.8 | −16 | 37.1 |
| −2 | 38.4 | −10 | 37.6 | −18 | 36.9 |
| −4 | 38.2 | −12 | 37.4 | −20 | −36.7 |

温度的测量采用高精度数字电压表，或者所有温度传感器统一连接到智能工作站采集系统，使用计算机监测。

从冻结站运转至冻结壁形成，应每隔 8～24 h 观测一次；在开挖（打开洞门）至冻结壁内结构完成期间内，宜每隔 4～12 h 观测一次；在结构做完后宜每隔 1～3 d 测量一次，且监测点可以适当减少。有特殊要求时，观测应符合设计要求。

### 5.3.2　盐水流量监测

1. 盐水流量测试系统

盐水流量监测采用涡街式流量计，二次仪表（流量积算仪）具有压力、温度自动补偿及显示瞬时流量和累计流量功能，并配有 RS422 标准接口，将数据传至计算机。

冻结站盐水流量测量采用涡街原理。在流体中插入柱状物体时，在柱状物体两侧交替地产生有规则的旋涡，这种旋涡称为卡门旋涡，旋涡在柱状物体下游非对称地排列。设旋涡的发生频率为 $f$，被测介质的平均流速为 $v$，柱状物体迎流面宽度为 $d$，管道直径为 $D$，即可得到下列关系式：

$$f = V/[Sr(1-1.25d/D)\cdot d] \tag{5-29}$$

式中　$Sr$——斯特罗哈尔数。

当雷诺数 $Re$ 在 $2\times10^4\sim2\times10^7$ 之间时，斯特罗哈尔数 $Sr$ 与 $Re$ 呈线性关系，此时 $Sr$ 为常数，旋涡的发生频率与流速成正比，并且不受流体的密度、温度、黏度等参数的影响，因此，只要知道了 $Sr$，通过检测旋涡的发生频率，就可以准确地测量流量。

涡街流量计的原理及结构决定了其有如下特点：

(1) 检测元件不接触流体，可靠性高，介质适应性强。

(2) 流量计的流量系数与介质的温度、密度、黏度等参数无关。

(3) 无可动部件，耐腐蚀，结构牢固、简单。

(4) 脉冲信号输出，抗电磁干扰能力强。

(5) 测量范围宽，准确度高。

2. 盐水流量测试要求

盐水流量的测试一般在施工过程中，按照一定的比例进行抽检。当盐水循环管路的端头温度发生异常，或是盐水的循环压力发生较大变化时，进行盐水流量的测试。

测试时，将准备好的盐水流量测试系统与需要测试的盐水循环系统对接，完成测试后恢复原来的盐水循环系统。

### 5.3.3　冻胀压力监测

1. 冻胀压力监测系统

在外壁与冻结壁接触面上、冻结壁内及冻结壁预计发展半径的外侧布置压力传感器，测量外壁上的冻胀压力、冻结壁内的冻结压力和开挖过程中冻结壁所受的外载。

冻结壁内及冻结壁预计发展半径外侧布置的压力传感器使用外径 100 mm 的压力盒，由引线引至隧道内。

冻结过程中隧道管片所受的外载对隧道的影响如何，需要通过实际监测确定，以指导下一步施工。

冻土帷幕内冻胀压力监测采用在冻土帷幕预置冻胀压力测量装置的方法。利用冻结壁内部的冻结孔、测温孔和冻结壁变形测孔，将压力盒固定在冻结管、测温孔套管和冻结壁变形孔套管外侧，随钢管的下放下入钻孔内，引线随保护套管引至隧道内。在冻结壁外侧的未冻土中布置压力传感器，测量开挖过程中地压的变化。利用冻结壁外侧的测温孔，将压力传感器固定在测温孔套管的外侧下入钻孔中。

通过在连接通道开口四周管片中预装 JTM-V2000G 型柔性压力计来研究冻结过程中隧道结构承受的冻胀力，并分析其对结构产生影响的大小。

冻胀压力测量管结构如图 5-17 所示，侧面内部放置密封舱（材质同样为钢），密封舱内放置压力传感器，信号电缆从侧面引出，整个测量管与测孔内下放的钢管焊接成一体，下放到需要深度。

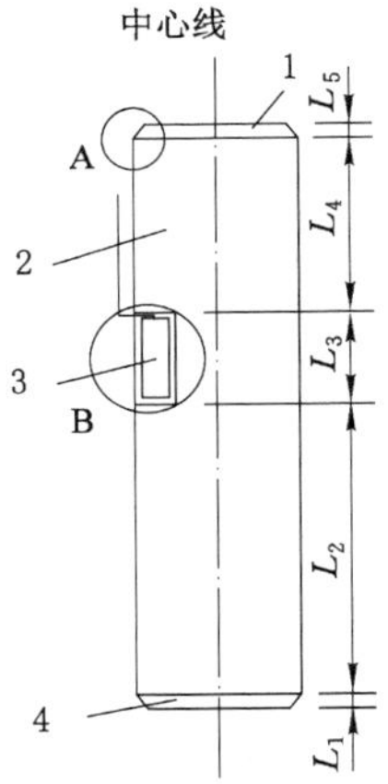


1—测量管上接头；2—测量管；3—压力传感器装置；4—测量管下接头；
$L_1$—下接头长度；$L_2$—测量管下部长度；$L_3$—传感器装置长度；
$L_4$—测量管上部长度；$L_5$—上接头长度。

图 5-17　冻胀压力测量管结构图

如图 5-17 所示，测量管结构分为 $L_1$、$L_2$、$L_3$、$L_4$ 和 $L_5$ 五部分，$L_1$ 和 $L_5$ 部分为接头，使用坡口机打出坡口与套管对接焊，坡口角度 $\varphi$ 一般为 15°～30°；$L_2$ 和 $L_4$ 为中间部分，其高度视实际工程需要而定（一般为 1～1.5 m）；$L_3$ 为中间部分，放置压力传感器，压力传感器一般为圆形，直径为 50～110 mm，厚度为 40～65 mm，放置于密封舱内，密封舱为钢板焊接，直径和厚度比压力传感器均大 10 mm 左右($h_1=h_2=10$ mm)，侧面开槽，用于引出信号电缆，在密封舱和压力传感器的环行空间内充满黄油，起到均匀传递压力的作用，整个测量管和护孔套管焊接为一个整体，一个测孔内可以根据需要在不同的层位布置多个测量管。A 点放大图如图 5-18 所示，B 点放大图如图 5-19 所示。

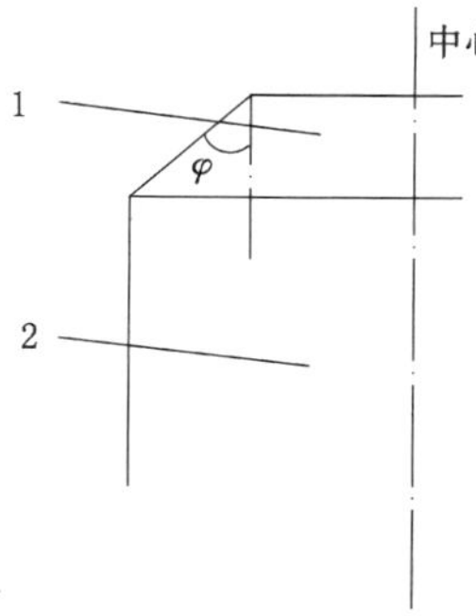


1—测量管上接头；2—测量管上部；
$\varphi$—测量管上接头坡口角度。

图 5-18　A 点放大图

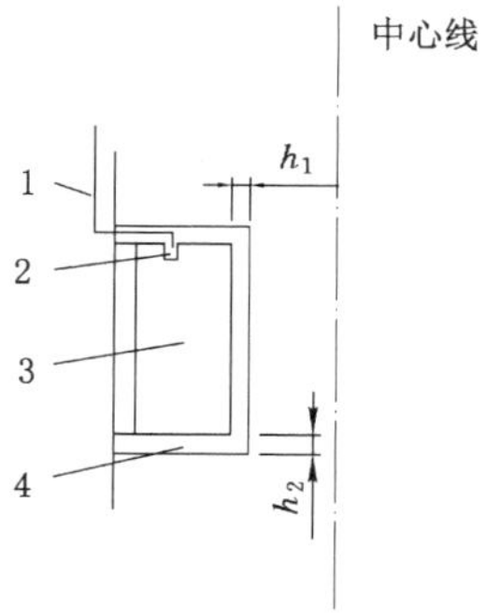


1—信号电缆；2—信号电缆出线槽；
3—压力传感装置；4—放置压力传感器装置密封舱；
$h_1$—环形空间底部高度；$h_2$—环形空间侧面宽度。

图 5-19　B 点放大图

2. 冻胀压力监测要求

冻胀压力监测是在旁通道两侧的隧道内布置测点，一般两侧各布置两个测点为宜。当冻胀压力出现异常时，可以通过其他的测试数据分析隧道的变形和受力情况。

### 5.3.4　卸压孔压力

为了减少冻结过程中土体冻胀对地表以及隧道的影响，在隧道上下行线旁通道开挖断面内布置卸压孔。通过卸压孔压力的测试，以及对卸压孔内水流观察，可以判断冻土的冻结情况。卸压孔内安装普通的压力表。

在冻结站运转前，必须了解地层情况，做好卸压孔的压力测量工作，且应与原始资料吻合，发现异常必须查明原因进行处理。在冻结壁形成后，卸压孔的压力至少应大于地压 0.1 MPa。

卸压孔压力在冻结初期压力会逐渐增大，随着冻结的进行，冻土不断扩展，卸压孔的压力越来越大，直到冻结壁交圈，此时卸压孔的压力不再增大，而打开卸压孔，则会有泥冒出。

根据卸压孔压力的监测数据来分析冻结效果和冻结帷幕的交圈情况。

卸压观测孔是旁通道冻结的独有测试方法，具有重要作用，一定要做好卸压观测孔施工。而且，由于冻结施工的不可逆性，必须在开冻前做好卸压观测孔测量工作，做好原始记录以备冻结后检查对照。泄压孔布置如图 5-20 所示。

图 5-20 卸压孔布置图

冻结站运转前期，应每隔 24～48 h 观测一次；在压力开始上升后，宜每隔 6～24 h 测量一次。所有观测应有原始记录，并有当事人签字。

## 5.4 水平与垂直冻结温度场叠加效应分析

### 5.4.1 冻结温度场数值计算模型

1. 模型基本假定和简化

利用三维有限元模型对浅埋暗挖隧道水平与垂直双向冻结的温度场变化进行模拟，从数值分析的角度探求水平与垂直双向冻结加固土体的温度场发展规律。在这个过程中，温度场的发展与土性、土的含水量、冻结时间、盐水温度、冻结管布置方法、冻结管直径、地表与空气热对流、水平冻结管底部与垂直冻结管的间距、原始地温等诸多因素有关。考虑到问题的复杂性，用数值模拟分析所有确定因素和不确定的因素既不可能也无必要。在浅埋暗挖隧道水平与垂直双向冻结的三维有限元模拟过程中，本章对双向冻结温度场模拟计算过程作出如下假设：

(1) 假设土中水分全部冻结，未冻水含量为零。

(2) 将冻结加固体视为单质均匀弹性体,忽略各土层特性的差异,选取冻结区域主要涉及的 2-2 淤泥质粉细砂层,土层均质、连续且各向同性。

(3) 模型中在冻结孔上施加随温度变化的荷载,来模拟冻结过程中冻结管外表面温度,不考虑冻结管内外复杂的热交换过程及冻结管轴向热传递。

(4) 土体冻结时,潜热集中在冻结界面连续放出。

(5) 考虑模型的对称性及热对流对模型地面的影响,对称面取绝热面。

2. 几何模型

由于所研究工程对象为竖向对称结构,因此在 ANSYS 中可以通过对称简化模型进行计算分析。但根据对称性建立的模型尺寸依然太大,划分网格单元太多,为简化计算,截取包含水平与垂直冻结管交界面的部分进行建模计算。根据中国矿业大学岩土工程所大量的冻结壁计算研究结果,冻结地层时冻结管对周围的影响范围为冻结管一侧冻结壁厚度的 3～5 倍,一般不超过外圈冻结管外侧冻结壁厚度的 5～8 倍,超过此范围将基本上不受冻结施工的影响。在本书研究的原型冻结工程施工中,冻结壁设计厚度最大为 2 m,上部冻结管距地面仅约 3.4 m,根据以上原则及工程实际情况,截取包含水平与垂直冻结管交界面的部分并结合模型的对称性,建立 1/2 模型进行计算,几何模型的尺寸为 18 m×13 m×15 m。几何模型如图 5-21、图 5-22 所示。

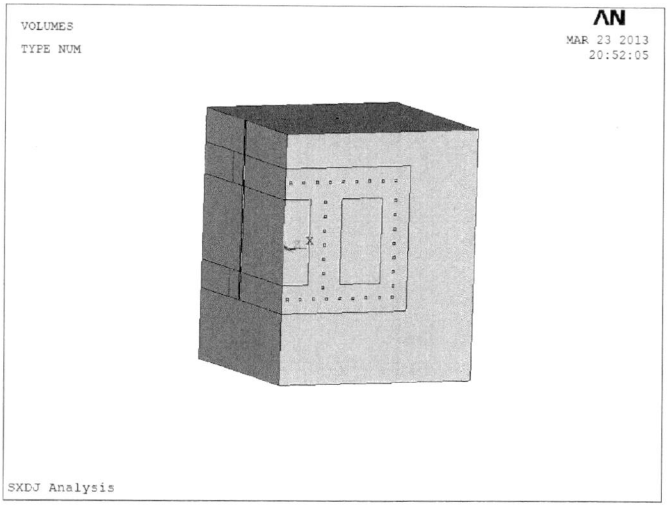


图 5-21　几何模型

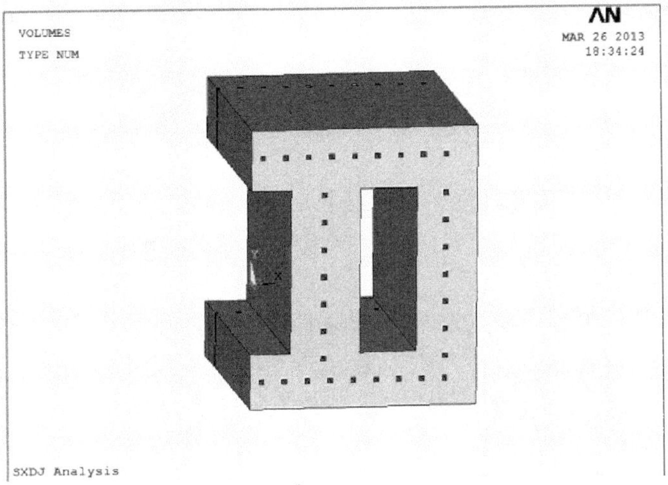


图 5-22　几何模型局部图

3. 模型的边界条件

边界条件就是流场变量在计算边界上应该满足的数学物理条件。边界条件与初始条件一起并称为定解条件。初始地温根据该浅埋暗挖隧道双向冻结工程实测资料确定，冻结前土层初始温度取 23 ℃。

温度场边界条件：模型的前方截面为绝热边界；对称面为绝热边界；上部地面为对流换热界面；其余面为恒温边界，取地温初始值。

4. 网格划分

本次数值模型计算采用的是 Solid70 三维实体单元。Solid70 是 8 节点六面体单元，具有各向同性和 3 个方向的热传导能力。该单元有 8 个节点且每个节点上只有 1 个温度自由度，可以用于三维静态或瞬态的热分析，并可补偿由于恒定速度场质量输运带来的热流损失。该单元能实现匀速热流的传递。

在对模型进行单元网格划分时，综合考虑计算的精度和时间，在靠近冻结管区域以及冻土发展范围内加大网格的密度，在远离冻结管的区域，由于温度梯度小，减小网格的密度。有限元模型网格图如图 5-23 和图 5-24 所示，共划分单元 14 万个。

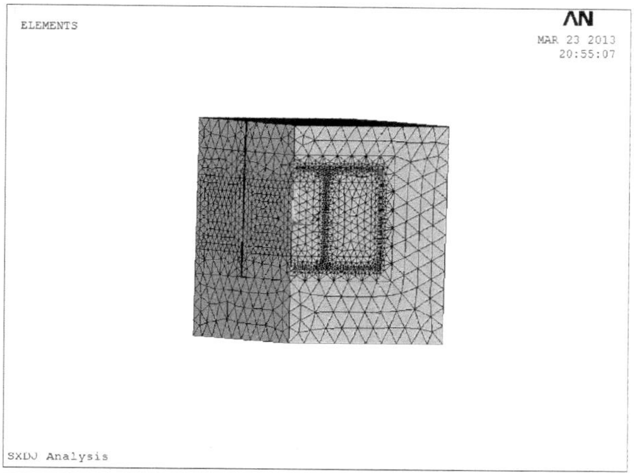


图 5-23　数值模型网格整体图

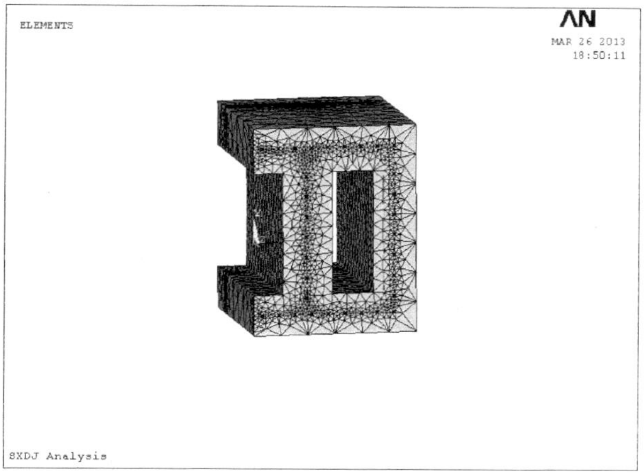


图 5-24　数值模型网格局部图

### 5.4.2　数值计算方案

1. 对流换热系数的确定

首先确定冻结区域地面与其上方空气的对流换热系数的计算。根据自然对流换热理论，地面与空气的热交换可被认为是大空间的自然对流换热问题，其换热系数可参照水平板在常壁温下的自然对流换热系数的试验关联式来计算。其计算表达式如下：

$$h_f = N_u \frac{\lambda_g}{l} \tag{5-30}$$

$$N_u = C(Gr \cdot Pr)^n \tag{5-31}$$

$$Gr = \frac{g\alpha \Delta t l^3}{\nu^2} \tag{5-32}$$

式中 $\lambda_g$——空气的导热系数；

$Pr$——气体的普朗特常数；

$Gr$——格拉晓夫准则；

$\alpha$——体积膨胀系数，$\alpha=1/T_m$，$T_m$ 为定性温度，$T_m=\frac{t_w+t_f}{2}$；

$\nu$——运动黏度；

$l$——定型尺寸；

$\Delta t$——$t_w$与 $t_f$之差；

$t_f$——远离壁流体温度；

$C,n$——由试验确定的常数，在水平板换热且热面朝上的条件下，换热边界层中流体处于层流状态时，$C=0.54$，$n=1/4$，当换热边界层中流体处于紊流状态时，$C=0.15$，$n=1/3$。

根据广州的气象资料，选取工程冻结期间该地区空气夜间、全天及白天的平均温度分别为 15 ℃、25 ℃、35 ℃，并计算出对流热交换系数 $h_f$ 如表 5-5 所示。

**表 5-5　对流换热系数 $h_f$ 计算值**

| 气温/℃ | 15 | 25 | 35 | 无对流换热 |
| --- | --- | --- | --- | --- |
| $h_f$/[W/(m$^2$·K)] | 4.59 | 5.44 | 5.98 | 0 |

2. 计算参数分析安排

根据浅埋水平与垂直冻结双向加固土体工程实际，先对一组典型参数下的双向冻结温度场变化规律进行研究，冻结管布置方式如表 5-6 所示。

**表 5-6　典型参数下冻结管布置方式**

| 名称 | 冻结管深度/mm | 冻结孔个数/个 | 冻结孔间距/mm | 冻结管尺寸/mm |
| --- | --- | --- | --- | --- |
| 上部水平冻结管 | 6 600 | 18 | 800 | $\phi$108×5 |

表 5-6(续)

| 名称 | 冻结管深度/mm | 冻结孔个数/个 | 冻结孔间距/mm | 冻结管尺寸/mm |
| --- | --- | --- | --- | --- |
| 底部水平冻结管 | 14 200 | 17 | 800 | $\phi108\times5$ |
| 侧墙水平冻结管 | 14 200 | 28 | 1 000 | $\phi108\times5$ |
| 地面垂直冻结管 | 12 500 | 19 | 800 | $\phi108\times5$ |

考虑到冻结管外壁温度与盐水温度、流速、周围土层的性质等因素有关，参考浅埋暗挖隧道水平与垂直双向冻结加固工程干路盐水温度的实测数据并进行优化，冻结管外壁温度的选取如表 5-7 所示。

表 5-7　冻结时冻结管外壁温度取值

| 冻结时间/d | 1 | 5 | 10 | 20 | 25 | 35 | 50 | 60 | 70 |
| --- | --- | --- | --- | --- | --- | --- | --- | --- | --- |
| 管壁温度/℃ | −5 | −9 | −16 | −24 | −25 | −25 | −25 | −25 | −25 |

冻结影响区域为淤泥质粉细砂层，土的冻结温度取−0.6 ℃。模型计算中热物理参数取值如表 5-8 所示。

表 5-8　典型参数下土体热物理参数

| 初始地温/℃ | 含水量/% | 天然密度/(kg/m³) | 土体比热/[kJ/(kg·K)] | | 导热系数/[W/(m·K)] | |
| --- | --- | --- | --- | --- | --- | --- |
| | | | 非冻结 | 冻结 | 非冻结 | 冻结 |
| 23 | 29 | 1 850 | 1.590 | 1.360 | 1.8 | 2.45 |

3. 交界面处体平均温度计算

选取各因素同典型参数试验相同的情况下，通过对水平与垂直双向冻结管交界面处土体形成的冻结壁体平均温度进行计算，观察双向冻结温度场交界面处冻结壁的体平均温度变化规律。在交界面位置选取土体体积为 2 m×1.6 m×0.6 m，划分成近 1.8 万个网格单元进行体平均温度计算，计算土体与冻结管位置关系和计算土体网格划分分别如图 5-25、图 5-26 所示。

### 5.4.3　冻结温度场数值模拟结果分析

1. 计算结果分析

根据所建立的有限元计算模型和确定的典型参数，计算得到冻结壁发展

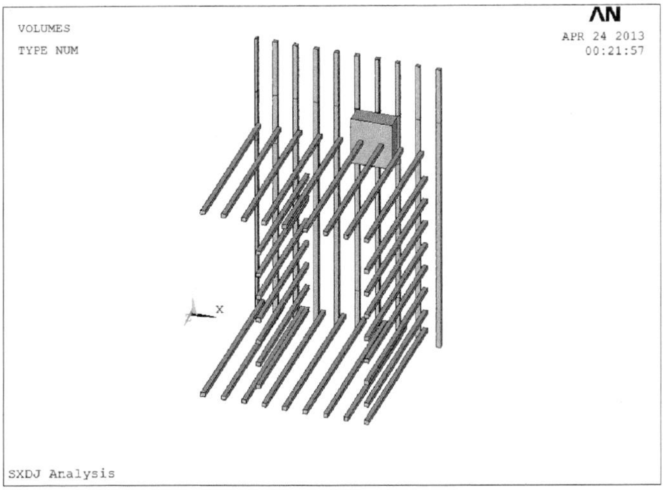


图 5-25　计算土体与冻结管位置关系图

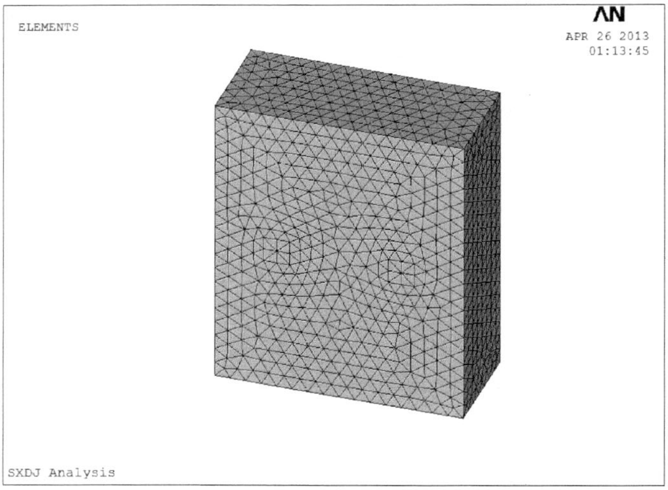


图 5-26　计算土体网格划分图

变化云图如图 5-27 所示。为了直观反映冻结壁发展情况，本书选取模型中冻结影响范围内土体的表面和水平与垂直冻结管交界面位置的发展云图。从图中可以看到在 70 d 冻结期内冻结温度场的变化发展过程，冻结刚开始，各冻结管之间的土体与低温盐水开始剧烈热交换，土体迅速降温，在冻结管附近形

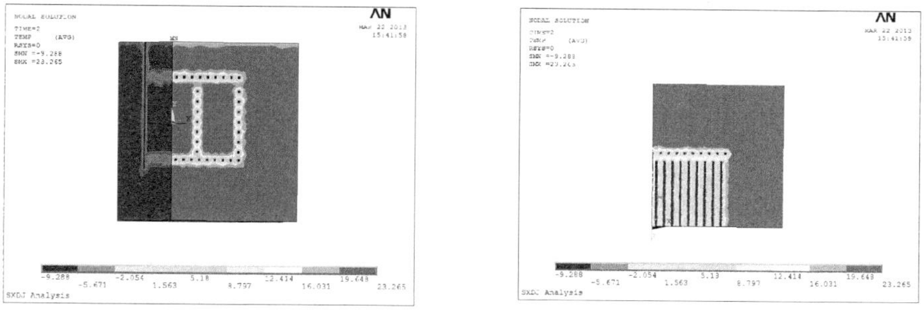

(a) 冻结2 d温度场云图

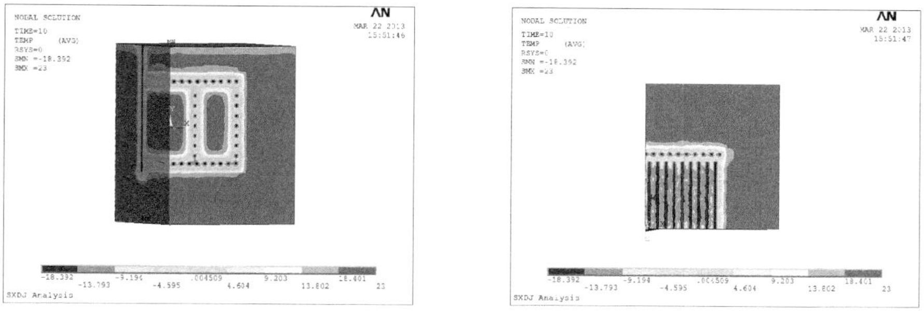

(b) 冻结10 d温度场云图

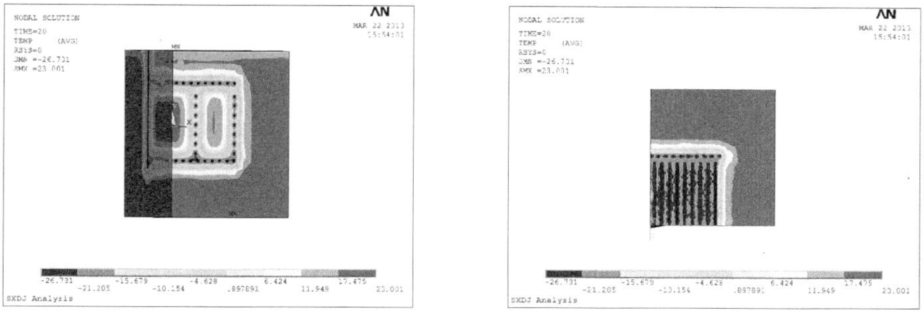

(c) 冻结20 d温度场云图

图 5-27　温度场云图

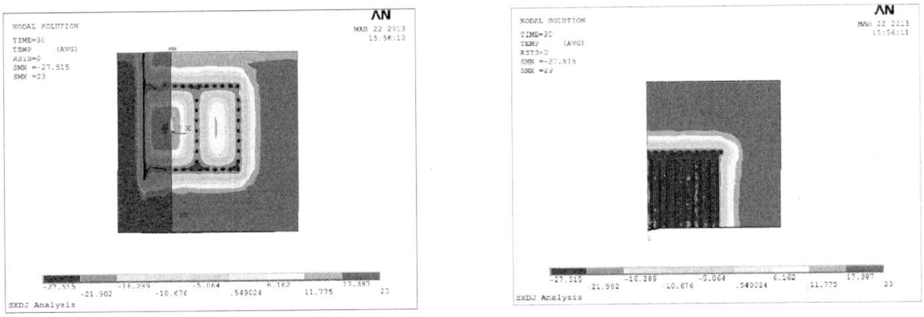

(d) 冻结30 d温度场云图

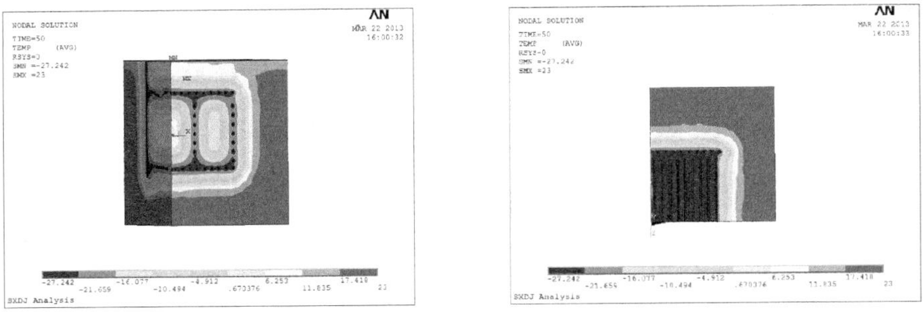

(e) 冻结50 d温度场云图

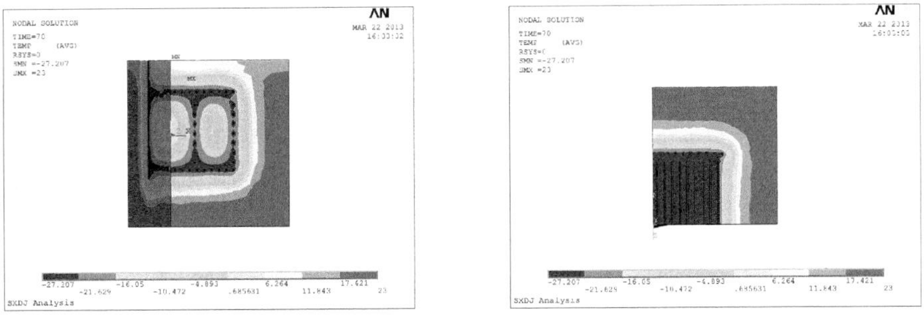

(f) 冻结70 d温度场云图

图 5-27(续)

成冻土柱；随着冻结时间的增加冻土柱不断向周围扩展，冻结 30 d，相邻冻土柱开始相互连接逐步形成冻结壁，并继续向外部发展；冻结 70 d 时，冻结壁特征参数基本稳定。

（1）选择冻结壁薄弱位置

为了能够准确地研究水平与垂直双向冻结温度场的发展规律，需要在 ANSYS 计算模型后处理中定义相关路径并有效地提取出需要的数据，并从所得数据中分析出能够代表双向冻结温度场发展规律的特征路径，计算路径设置如图 5-28 所示。水平管与垂直冻结管交界位置在水平方向上路径设置如下：CZ 表示垂直冻结管主面上的路径，CJ 表示垂直冻结管界面上的路径，CZJZ 表示垂直冻结管主界面中心位置路径，JJM1 表示水平冻结管与垂直冻结管交界面中心位置路径，JJM2 表示水平冻结管与垂直冻结管交界面 1/4 位置路径，JJM3 表示水平冻结管与垂直冻结管交界面 3/4 位置路径，JJM4 表示水平冻结管与垂直冻结管交界面 3/8 位置路径。

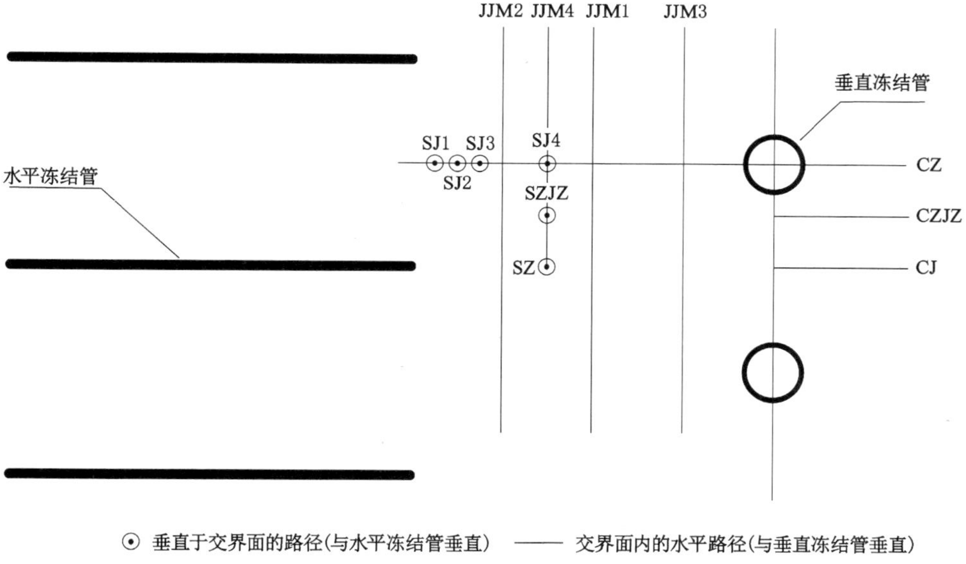


图 5-28　交界面计算路径布置示意图

垂直冻结管主界面上路径及交界面上各路径的冻结壁厚度和平均温度随时间变化曲线分别如图 5-29、图 5-30 所示。

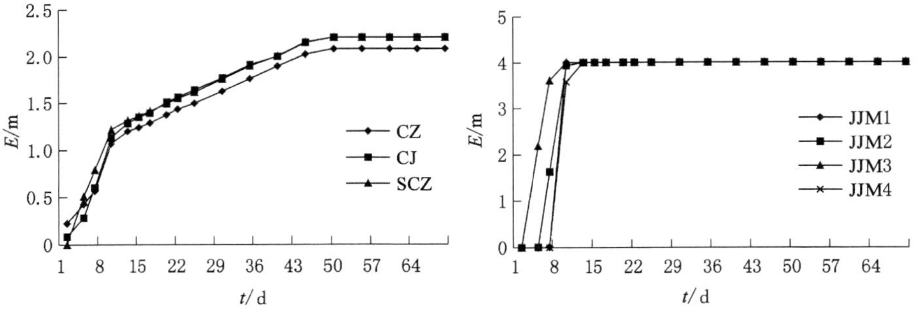


图 5-29　水平方向冻结壁 $E$ 与 $t$ 关系曲线图

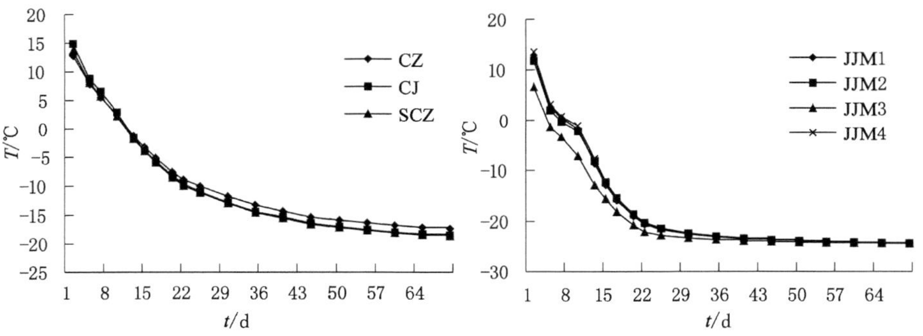


图 5-30　水平方向冻结壁 $T$ 与 $t$ 关系曲线图

由图 5-29、图 5-30 可以看出，水平管与垂直冻结管交界位置在水平方向上各路径的冻结壁厚度均随时间的延长而增加，平均温度均随时间的延长而降低。比较分析可以发现，受水平冻结管端头作用的影响，垂直冻结管主面 CZ 比界面 CJ 及主界面中心面 CZJZ 的冻结壁整体发展速度要慢，冻结壁厚度要薄，平均温度要高，可以得到垂直冻结管主面 CZ 是冻结壁发展相对薄弱位置之一；交界面位置 JJM 四条路径的冻结壁厚度均随时间的延长而增加并很快趋于稳定，平均温度均随时间的延长快速降低且最终非常接近，因交界面的四条路径距离较近，平均温度相差非常小，取其中平均温度稍微偏高的 JJM4 为冻结壁发展最慢的薄弱位置。由此可见，在交界面位置的水平方向上冻结壁发展薄弱的为垂直冻结管主面 CZ 和交界面 JJM4。

通过在交界面水平方向薄弱位置 JJM4 上及附近布置多条垂直路径来寻

找冻结壁在竖直方向上发展的薄弱位置。水平与垂直冻结管交界位置在竖直方向上各路径布置如下：SJ1 表示水平冻结管与垂直冻结管之间交界面的 1/16 处垂直路径，SJ2 表示水平冻结管与垂直冻结管之间交界面的 1/8 处垂直路径，SJ3 表示水平冻结管与垂直冻结管之间交界面的 3/16 处垂直路径，SJ4 表示水平冻结管与垂直冻结管之间交界面的 3/8 处垂直路径（垂直穿过 JJM4），SZ 表示水平冻结管主面上且垂直穿过 JJM4 的路径，SZJZ 表示在水平冻结管主界面中心处且垂直穿过 JJM4 的路径，其中，SJ1、SJ2、SJ3、SJ4 路径均在水平冻结管的界面上。

由图 5-31、图 5-32 可以看出，水平管与垂直冻结管交界位置在竖直方向上各路径的冻结壁厚度均随时间的延长而增加且很快达到稳定值，平均温度均随时间的延长而降低。比较分析可以发现，受垂直冻结管的影响作用，处于水平冻结管界面上 SJ2 的冻结壁厚度发展稍慢，平均温度也略高，所以，在水平管与垂直冻结管交界位置竖直方向上 SJ2 处冻结壁相对薄弱些。

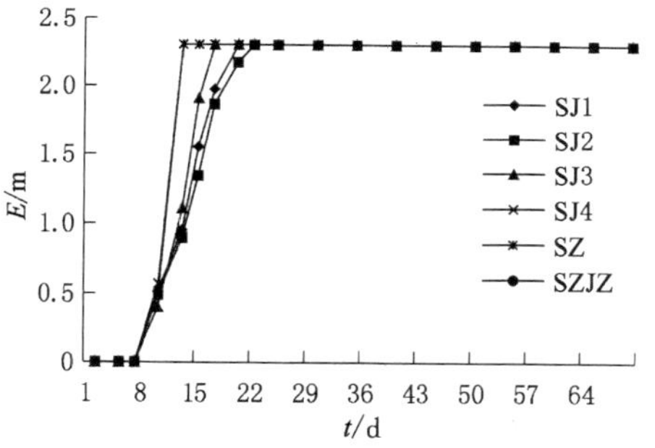


图 5-31　竖直方向冻结壁 $E$ 与 $t$ 关系曲线图

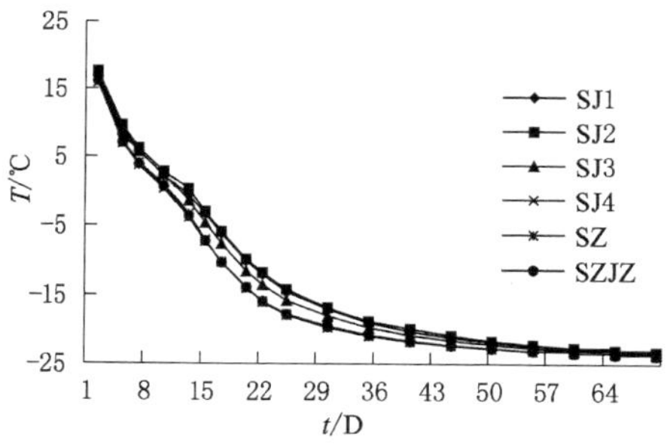


图 5-32　竖直方向冻结壁 $T$ 与 $t$ 关系曲线图

综上可得，水平方向垂直冻结管主面 CZ、交界面 JJM4 和竖直方向水平冻结管界面上 SJ2 为双向冻结温度场中冻结壁发展相对薄弱的位置，但交界面处 JJM4 位于水平管与垂直管之间的水平面上。从图 5-29、图 5-30 中也可以看出，交界面 JJM4 的冻结壁厚度发展相当快，在冻结 10 d 时就能达到稳定值，平均温度下降也很明显，能够快速达到稳定状态，选取水平方向上垂直冻结管主面 CZ 和竖直方向上水平冻结管界面 SJ2 的冻结壁厚度和平均温度进行研究。

水平方向上垂直冻结管主面 CZ 和竖直方向上水平冻结管界面 SJ2 的冻

结壁厚度均随着冻结时间的增加而增加，水平冻结管界面 SJ2 在冻结 20 d 时，冻结壁厚度就达到 2 m；垂直冻结管主面 CZ 在冻结 50 d 时，冻结壁厚度已经达到 2.1 m。

垂直冻结管主面 CZ 和水平冻结管界面 SJ2 的平均温度均随时间的延长而降低。在冻结前 20 d，垂直冻结管主面 CZ 和水平冻结管界面 SJ2 的平均温度均快速下降，到后期平均温度下降缓慢，并趋于稳定，在冻结 50 d 后，垂直冻结管主面 CZ 和水平冻结管界面 SJ2 的平均温度均接近−20 ℃。

（2）特征面上温度分布

由图 5-33～图 5-36 可以看出，冻结初期受水平冻结管端头的影响，垂直管主面 CZ、界面 CJ 上在靠近水平管附近温度较低，随深度的增加在水平冻结管与垂直冻结管中心附近温度会有所上升，再随着深度的增加而靠近垂直冻结管，受垂直冻结管的冷量作用温度又出现急剧下降，再随深度的增加而越过垂直冻结管，在垂直冻结管外侧温度分布曲线为近似对数曲线形式。冻结之初，水平冻结管与垂直冻结管交界面上温差很大，随冻结时间的延长，交界面上温度相差不大，趋于稳定。垂直管主面 CZ 温度比垂直管界面 CJ 上温度要发展缓慢，在距离垂直冻结管外侧 4.2 m 处，地层温度基本未发生变化，可见冻结影响范围为 4 m 左右。

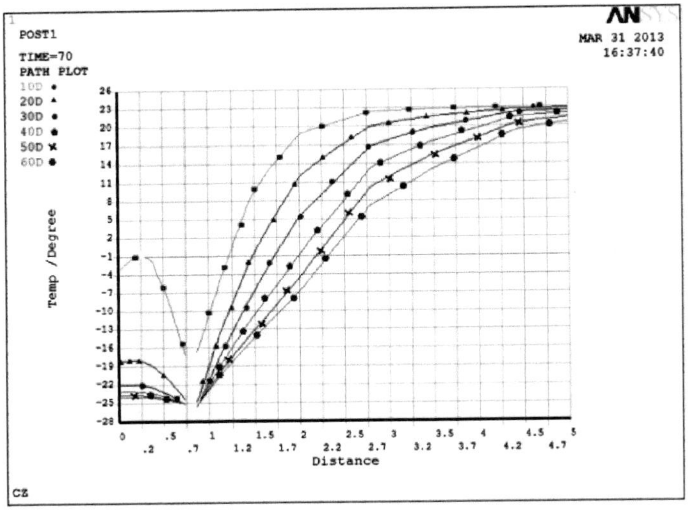


图 5-33　垂直管主面温度分布图

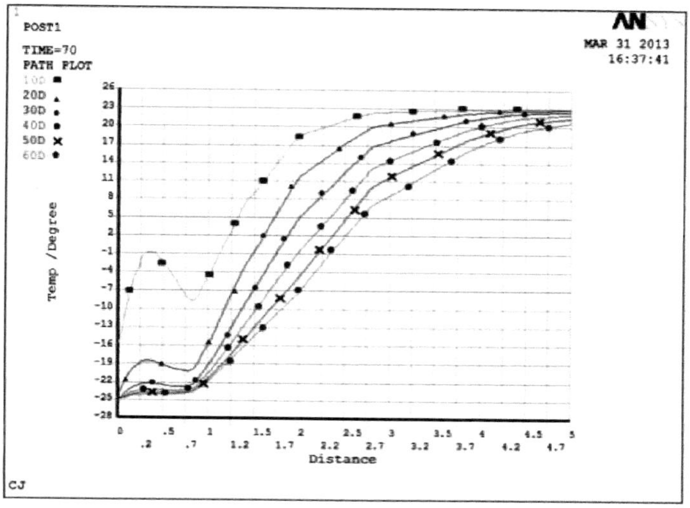


图 5-34　垂直管界面温度分布图

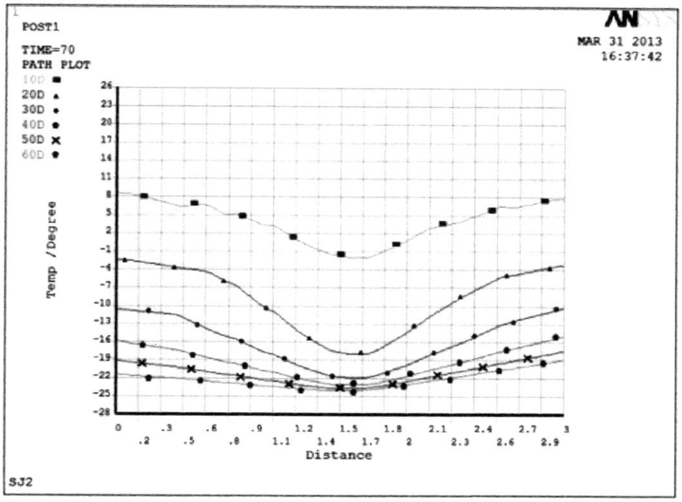


图 5-35　水平管界面 SJ2 温度分布图

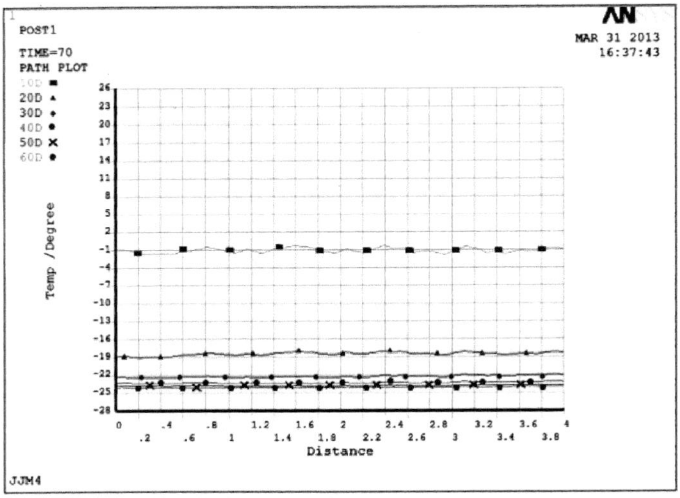


图 5-36　交界面 JJM4 温度分布图

水平冻结管界面 SJ2 的温度分布曲线整体上呈现出一定的对称性，在水平冻结管的正下方温度较高，随着靠近水平冻结管，温度出现大幅下降，在水平冻结管平面处温度达到最低，再随着远离水平冻结管，温度又再次出现上升；随着冻结时间的延长，垂直冻结管周围的冻土体不断向外扩张，冻结 20 d 左右，垂直冻结管周围形成的圆柱状冻土体发展到 SJ2 处，随后 SJ2 处温度为负值，被垂直冻结管周围的圆柱冻土体所包围，温度出现大幅下降，整条路径都维持在低温的状态并且 SJ2 的温度分布曲线越来越趋于平缓。

交界面上 JJM4 的温度分布曲线为接近直线的波浪形曲线，因水平管与垂直管规律地间隔布置，所以形成了有规律的波浪形温度分布曲线。冻结初期，水平与垂直管之间交界面上温度较高，随着冻结时间的延长，交界面上温度逐渐降低并趋于一致，后期也就形成了接近直线的温度分布曲线。

2. 交界面处冻结壁平均温度计算

通过对水平与垂直双向冻结管交界面处冻结壁的体平均温度进行计算，得到体平均温度 $T_v$ 随时间的变化曲线如图 5-37 所示。

从图 5-37 中可以发现，水平与垂直冻结管交界面处冻结壁的体平均温度随着冻结时间的延长而下降，在冻结初期，交界面处冻结壁的体平均温度呈直线下降，此时土体与冻结管之间热交换剧烈；当体平均温度降到 0 ℃时，会出现短暂的停留，因为此时土体发生相变，释放了大量的潜热，抵消了部分冷量；

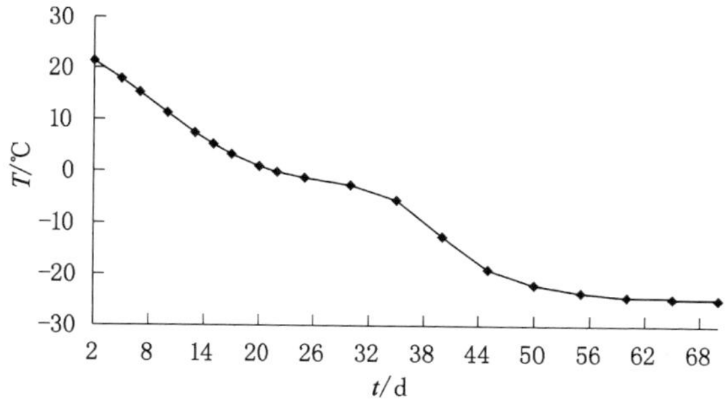


图 5-37　冻土体平均温度随时间变化曲线图

在冻结后期，冻土平均温度下降速度逐渐减缓，趋于稳定，因为随着土体的体平均温度的下降，与冻结管外壁温差越来越小，导致体平均温度下降速度减缓。

# 第 6 章 复合地层中的冻结法工程应用实例

双线隧道建设中往往每隔一定距离设置一条旁通道，以便在隧道正常运营中当一条隧道内发生火灾等非常情况下，可通过所设的连接通道将人员迅速、安全地疏散至另一条隧道内。

## 6.1 广州地铁 6 号线坦尾站至如意坊站区间联络通道冻结施工

### 6.1.1 工程概况

广州地铁 6 号线坦尾站至如意坊站区间暗挖段隧道冻结加固工程位于坦尾站侧，为与车站对接段隧道，双线矩形断面，净高 4.85 m，净宽 10 m。原设计采用明挖法施工，由于受已运营 5 号线车站影响，对接段有近 10 m 的长度在 5 号线地铁车站的正下方，正上方为 5 号线站厅出入口及雨棚等，受此影响，现阶段不适合组织明挖法施工。现将采用水平冻结加固土体结合垂直冻结，进行暗挖法施工。隧道结构为现浇混凝土结构，结构厚度为侧墙 700 mm、顶板 800 mm、底板 900 mm。

本工程根据施工需要，地面及 5 号线坦尾车站内将分别进行冻结施工，开挖及混凝土浇筑在车站内进行。该工程所处的土层为砂性土，含水量高，渗透性强，为透水土层，本段砂层分布广泛，且厚度大，连通性好，和地表水水力联系密切，富水性强。在钻孔和开挖时，易发生涌水坍孔等事故。冻结施工地点离两侧珠江水系较近，有 500 多米，易受江面潮水起落影响，引起地下水的流动，造成一定的冷量损失。冻结地层离地面较近，顶板冻结边线离地面只有约 2.4 m，广州的气温较高，气温对地面的温度影响对冻结帷幕不利。地面有正在运营的地铁 5 号线，冻结区域离站厅较近，冻胀力释放较直接，控制不当容易引起车站站棚变形。

### 6.1.2　工程地质及水文条件

本对接段隧道场地较平坦，砂层分布广泛，厚度较大，地下水丰富。根据地质资料，暗挖隧道埋深较浅，深度范围内为＜2-2＞淤泥质粉细砂层，底板下部为＜4-1＞粉质黏土层，结构上部为人工填土。

＜1＞人工填土层主要为杂填土和素填土及耕土。颜色较杂，素填土的组成物主要为人工堆填的黏性土、中粗砂、碎石等；杂填土则含有砖块、混凝土块等建筑垃圾以及生活垃圾；大部稍压实，松散，局部地段人工填土层下存在可塑状耕植土。

＜2-2＞淤泥质粉细砂层，呈深灰色、灰色、灰黑色等，组成物主要为粉砂、细砂，局部为中粗砂，含淤泥质及少量有机质，局部有贝壳碎片，饱和，松散～稍密状。

＜4-1＞粉质黏土，呈黄褐色、浅灰色、杂白色、杂黄色等，主要由粉质黏土、粉土组成，含少量砂粒；粉质黏土呈可塑状，局部为软塑状或硬塑状；粉土呈中密～密实，局部稍密状。

各土层的基本物理参数如表 6-1 所示。

**表 6-1　各土层基本物理参数表**

| 土层编号 | 土层名称 | 天然含水量 /% | 重力密度 /(kN/m³) | 天然孔隙比 |
|---|---|---|---|---|
| ＜1＞ | 人工填土 | 26.7 | 16.66 | 1.00 |
| ＜2-2＞ | 淤泥质粉细砂 | 30.8 | 17.64 | 1.09 |
| ＜4-1＞ | 粉质黏土 | 22.7 | 19.80 | 0.65 |

本工程在线路东南段，即大坦沙岛西侧珠江穿越大型河流，属珠江广州河道的西航道，长 18 km，集雨面积在 2 000 $km^2$ 以上。本次勘察所揭露的地下水水位埋藏较浅，稳定水位埋深为 0.00～4.80 m，标高为－0.09～6.39 m，地下水位的变化与地下水的赋存、补给及排泄关系密切，每年 5～10 月为雨季，大气降雨充沛，水位会明显上升，而在冬季因降水减少，地下水位随之下降，年变化幅度为 2.5～3.0 m。

水平钻孔施工场地正上方为正在运营的地铁 5 号线车站的入口大厅及 5 号线高架路桥，上方设置有雨棚，周边为双桥路和桥中南路，均为主要的交通要道，人车流量较大。地面施工场地位于坦尾站Ⅰ出口闸机及售票机平台南侧，面积约为 480 $m^2$。场地南侧为绿化带，如图 6-1 所示。

图 6-1　地面施工场地原貌图

### 6.1.3　冻结方案

(1) 冻结帷幕设计

根据与坦尾站对接段隧道穿越施工的需要，结合设计依据和设计原则的规定有：

① 冻土强度的设计指标为：单轴抗压 6.4 MPa，抗折 3.0 MPa，抗剪 5.5 MPa（−10 ℃）。

② 冻结壁有效厚度为：冻结壁设计有效厚度为 2.0 m，中间导洞开挖前，导洞上方、下方冻土厚度须达到 2 m，两侧冻土墙厚度须达到 1.6 m。

③ 冻结壁与地连墙交界面处测点平均温度不高于−5 ℃；有效冻结壁平均温度不高于−10 ℃。

④ 设计积极冻结时间为 45～50 d，要求冻结孔单孔盐水流量为 5～7.5 $m^3/h$。积极冻结 7 d 盐水温度降至−20 ℃以下；积极冻结 15 d 盐水温度降至−24 ℃以下；开挖时盐水温度降至−28 ℃以下。去回路温差不大于 2 ℃，如盐水温度和盐水流量达不到设计要求，应延长积极冻结时间。

对接暗挖段隧道设计冻土帷幕平面图和剖面图如图 6-2 所示。

(2) 冻结孔、测温孔的布置

对接段暗挖段隧道采取水平与垂直双向冻结，通过在地下车站内布置 79 个水平冻结孔和地面布置 41 个垂直冻结孔，共同形成一个完整的、封闭的止水冻土帷幕。水平冻结孔和垂直冻结孔的平面布置图分别如图 6-3(a)、(b)所示。

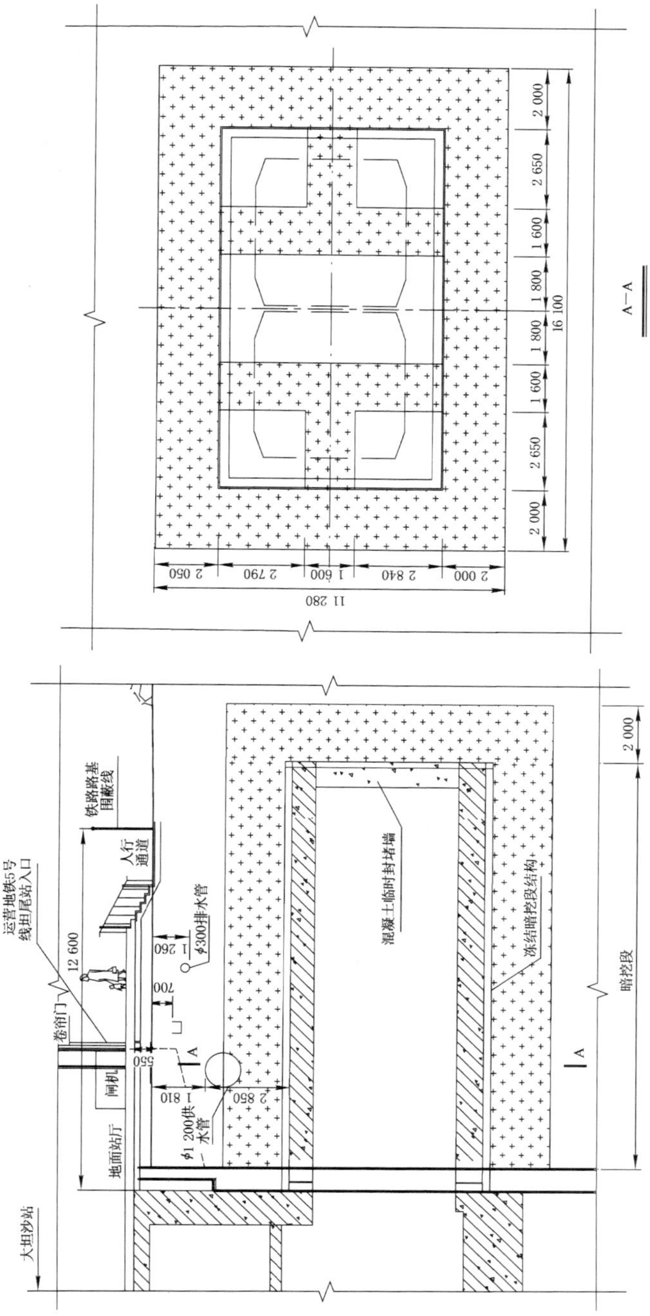
A—A
混凝土临时封堵墙
冻结暗挖段结构
暗挖段
铁路路基围蔽线
人行通道
运营地铁5号线田尾站入口
卷帘门
闸机
地面站厅
大坦沙站
φ300排水管
φ1 200供水管

图6-2　冻土帷幕设计图

本冻结工程依设计图纸在施工现场布设 16 个测温孔，但在冻结过程中，发现由于冻结上部土体情况较为复杂，多为回填土，降温效果不太理想，为了能够更好地了解上部冻结孔周围土体的降温情况，施工方在上部冻结孔周围先后增加了 7 个测温孔，测温孔数量达到 24 个，共布置了测点 168 个。其中 T14、T15、J1 为地面垂直测温孔，其余测温孔皆为地下水平测温孔。水平测温孔和垂直测温孔等具体布置方式如图 6-3 所示。

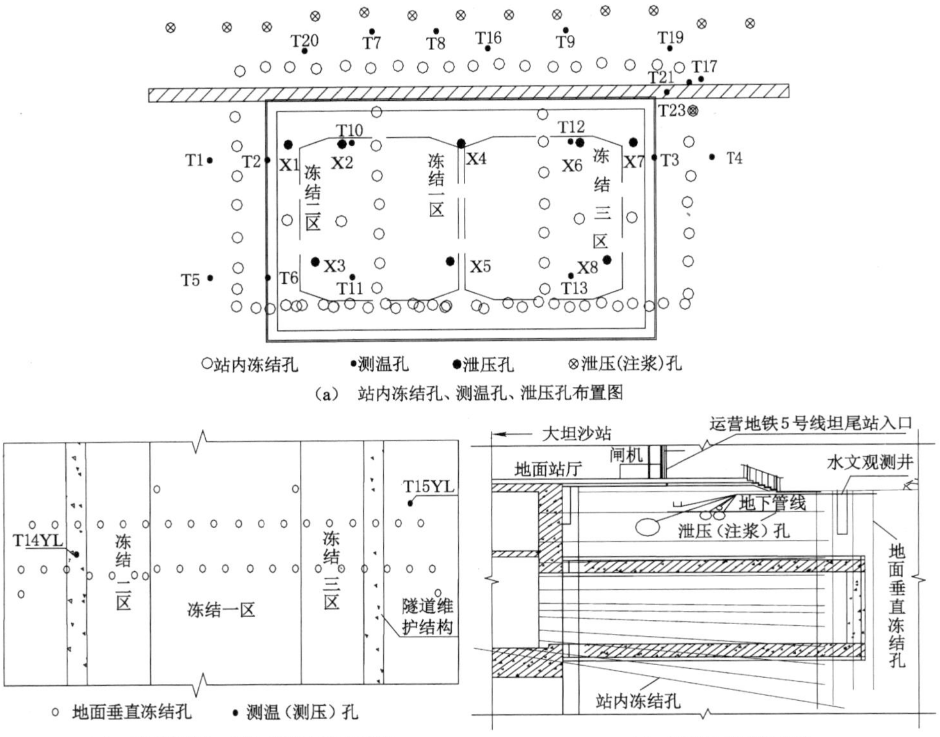


(a) 站内冻结孔、测温孔、泄压孔布置图

(b) 地面冻结孔、测温（测压）孔布置图

(c) 冻结孔布置剖面图

图 6-3 冻结孔、测温孔、卸压孔布置图

技术参数：冻结管用 $\phi$108 mm×8 mm 的 20# 低碳钢无缝钢管。冻结管耐压不低于 0.8 MPa，并且不低于冻结工作面盐水压力的 1.5 倍。冻结孔的开孔位置误差不大于 100 mm，开孔前应复核内衬结构主筋位置，尽量避开内衬墙主筋。冻结孔最大允许偏斜不大于 200 mm。冻结管接头采用螺纹加焊接，抗拉强度不低于母管的 75%。设计冻结孔成孔控制最大允许间距为 1 300 mm，多排孔处冻结孔终孔最大允许间距为 1 600 mm。

### 6.1.4　冻结监测方案

（1）冻结监测内容

在积极冻结过程中，要根据现场实测温度资料判断冻结帷幕是否交圈和达到设计厚度还需要的冻结时间；监测冻结帷幕与地下连续墙的胶结情况；监测水平垂直冻结孔交界面温度场的分布以及冻结壁的厚度发展情况；测温判断冻结帷幕交圈并达到设计厚度且与地下连续墙完全胶结后，即可进入维护冻结阶段。

根据本书的研究内容，并结合实际工程的需要，冻结监测内容如下：

① 盐水去回路温度实时监测；

② 实时监测现场所有测温孔的温度变化情况，以此来判断冻结壁的发展及交圈情况；

③ 重点监测以下位置的温度发展情况：水平与垂直冻结交界面处、冻土体与地下连续墙交界面处、冻土体向上发展厚度、冻结土体左上角和右上角处。

（2）冻结壁及盐水温度监测方案

① 测温系统

结合实际情况，冻结温度场监测仍然采用传统的温度检测系统——热电偶系统，冻结温度场数据采用 VC9808＋数字万用表和 VC8045-Ⅱ台式数字万用表结合测量，测得数据再进行人工处理。热电偶系统主要技术参数为显示测温范围：－165～400 ℃；显示分辨率：0.01 ℃；测温精度：0.5 ℃。

温度传感器采用铜-康铜热电偶，采用 VC8045-Ⅱ台式数字万用表和 VC9808＋数字万用表进行测量，如图 6-4、图 6-5 所示。

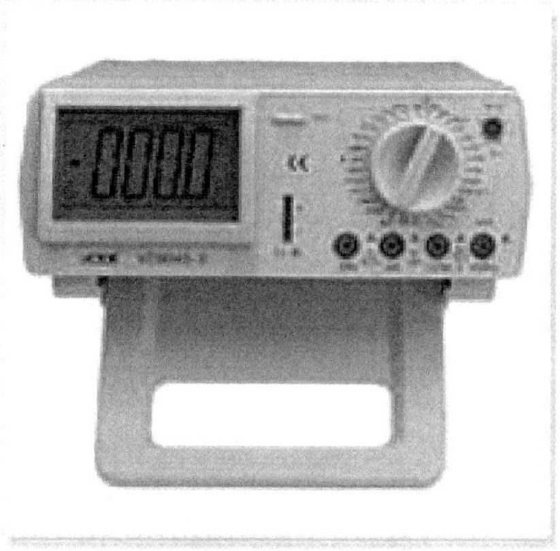

图 6-4　VC8045-Ⅱ台式数字万用表

图 6-5　VC9808＋数字万用表

② 测温点布置

通过在各测温孔中不同深度的土层中布设温度传感器，如图 6-6 和图 6-7 所示，来监测不同深度土层中的冻土发展情况，在冻结范围内共布置 24 个测温孔，各测温孔的具体布置位置如图 6-8 所示。各水平测温孔和垂直测温孔内部的测点具体布置方式分别如表 6-2、表 6-3 所示。

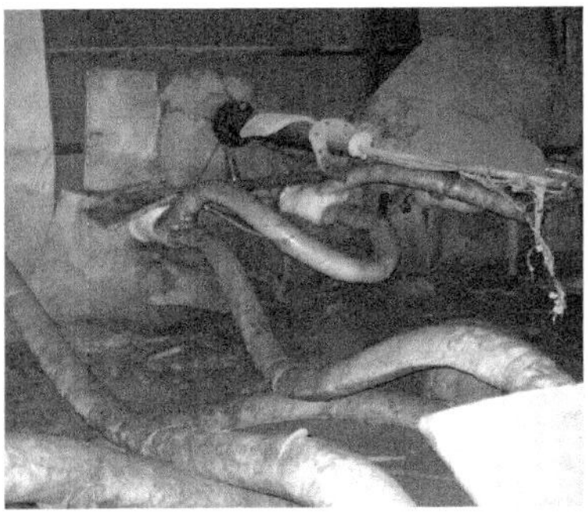

图 6-6　站内水平测温孔测温线

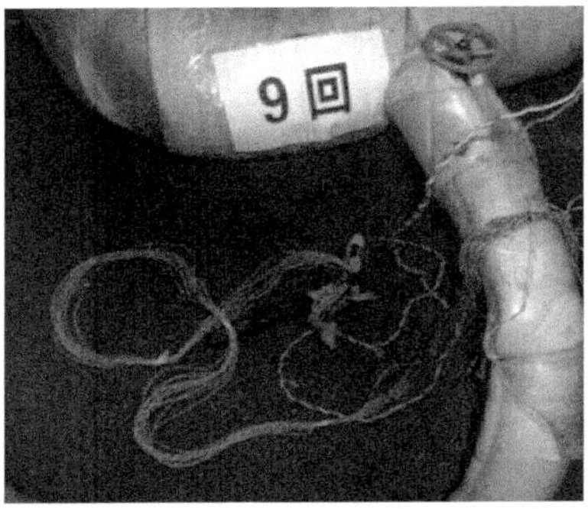


图 6-7　地面垂直测温孔测温线

图 6-8　现场测温图

**表 6-2　站内水平测温孔测点布置**

| 测温孔 | 测点编号 | 测深/m | 测温孔 | 测点编号 | 测深/m | 测温孔 | 测点编号 | 测深/m |
|---|---|---|---|---|---|---|---|---|
| T1 | T1-1 | 1.4 | T4 | T4-1 | 1.4 | T12 | T12-1 | 1.4 |
| | T1-2 | 2.4 | | T4-2 | 2.4 | | T12-2 | 2.2 |
| | T1-3 | 3.4 | | T4-3 | 3.4 | | T12-3 | 3 |
| | T1-4 | 4.4 | | T4-4 | 4.4 | | T12-4 | 3.5 |
| | T1-5 | 5.4 | | T4-5 | 5.4 | T13 | T13-1 | 1.4 |
| | T1-6 | 6.4 | | T4-6 | 6.4 | | T13-2 | 2.2 |
| | T1-7 | 7.4 | | T4-7 | 7.4 | | T13-3 | 3 |
| | T1-8 | 8.4 | | T4-8 | 8.4 | | T13-4 | 3.5 |
| | T1-9 | 9.4 | | T4-9 | 9.4 | T16 | T16-1 | 1.24 |
| | T1-10 | 10.4 | | T4-10 | 10.4 | | T16-2 | 2.24 |
| | T1-11 | 11.4 | | T4-11 | 11.4 | | T16-3 | 3.24 |
| | T1-12 | 12.4 | | T4-12 | 12.4 | | T16-4 | 4.24 |
| | T1-13 | 13.4 | | T4-13 | 13.4 | | T16-5 | 5.24 |
| | T1-14 | 14.2 | | T4-14 | 14.2 | | T16-6 | 6.24 |
| T2 | T2-1 | 1.4 | T5 | T5-1 | 1.4 | | T16-7 | 7.24 |
| | T2-2 | 2.4 | | T5-2 | 2.2 | | T16-8 | 8.24 |
| | T2-3 | 3.4 | | T5-3 | 3 | | T16-9 | 9.24 |
| | T2-4 | 4.4 | | T5-4 | 3.5 | | T16-10 | 10.24 |
| | T2-5 | 5.4 | T6 | T6-1 | 1.4 | | T16-11 | 11.24 |
| | T2-6 | 6.4 | | T6-2 | 2.2 | | T16-12 | 12.24 |
| | T2-7 | 7.4 | | T6-3 | 3 | | T16-13 | 13.24 |
| | T2-8 | 8.4 | | T6-4 | 3.5 | | T16-14 | 13.84 |
| | T2-9 | 9.4 | T7 | T7-1 | 1.4 | T17 | T17-1 | 1.45 |
| | T2-10 | 10.4 | | T7-2 | 2.2 | | T17-2 | 2.45 |
| | T2-11 | 11.4 | | T7-3 | 3 | | T17-3 | 3.45 |
| | T2-12 | 12.4 | | T7-4 | 3.5 | | T17-4 | 4.45 |
| | T2-13 | 13.4 | T8 | T8-1 | 1.4 | | T17-5 | 5.45 |
| | T2-14 | 14.2 | | T8-2 | 2.2 | T18 | T18-1 | 2.6 |
| T3 | T3-1 | 1.4 | | T8-3 | 3 | | T18-2 | 3.6 |
| | T3-2 | 2.4 | | T8-4 | 3.5 | | T18-3 | 4.05 |
| | T3-3 | 3.4 | T9 | T9-1 | 1.4 | T19 | T19-1 | 2.4 |
| | T3-4 | 4.4 | | T9-2 | 2.2 | | T19-2 | 3.4 |
| | T3-5 | 5.4 | | T9-3 | 3 | | T19-3 | 4.4 |
| | T3-6 | 6.4 | | T9-4 | 3.5 | | T19-4 | 5.2 |
| | T3-7 | 7.4 | T10 | T10-1 | 1.4 | T20 | T20-1 | 1.7 |
| | T3-8 | 8.4 | | T10-2 | 2.2 | | T20-2 | 2.4 |
| | T3-9 | 9.4 | | T10-3 | 3 | | T20-3 | 3.4 |
| | T3-10 | 10.4 | | T10-4 | 3.5 | | T20-4 | 4.4 |
| | T3-11 | 11.4 | T11 | T11-1 | 1.4 | T21 | T21-1 | 2.4 |
| | T3-12 | 12.4 | | T11-2 | 2.2 | | T21-2 | 3.4 |
| | T3-13 | 13.4 | | T11-3 | 3 | | T21-3 | 4.4 |
| | T3-14 | 14.2 | | T11-4 | 3.5 | | T21-4 | 5.4 |

**表 6-3 地面垂直测温孔测温点布置**

| 测温孔 | 测点编号 | 测深/m | 测温孔 | 测点编号 | 测深/m | 测温孔 | 测点编号 | 测深/m |
|---|---|---|---|---|---|---|---|---|
| T14 | T14-1 | 1 | T15 | T15-1 | 1 | J1 | J1-1 | 1 |
| | T14-2 | 2 | | T15-2 | 2 | | J1-2 | 2 |
| | T14-3 | 3 | | T15-3 | 3 | | J1-3 | 2.5 |
| | T14-4 | 4 | | T15-4 | 4 | | J1-4 | 3 |
| | T14-5 | 5 | | T15-5 | 5 | | J1-5 | 3.2 |
| | T14-6 | 6 | | T15-6 | 6 | | J1-6 | 3.4 |
| | T14-7 | 7 | | T15-7 | 7 | | J1-7 | 3.6 |
| | T14-8 | 8 | | T15-8 | 8 | | J1-8 | 3.8 |
| | T14-9 | 9 | | T15-9 | 9 | | J1-9 | 4.0 |
| | T14-10 | 10 | | T15-10 | 10 | | J1-10 | 4.5 |
| | T14-11 | 11 | | T15-11 | 11 | | J1-11 | 5 |
| | T14-12 | 12 | | T15-12 | 12 | | J1-12 | 5.4 |
| | T14-13 | 13 | | T15-13 | 13 | | | |
| | T14-14 | 13.5 | | T15-14 | 13.5 | | | |

在盐水去回路干管及每个冻结器回路头部上布设温度测点，监测温度变化，以获得干路盐水温度和每个冻结器回路温度。

### 6.1.5 冻结工程现场实测数据分析

1. 现场冻结施工情况

现场冻结施工的过程主要有冻结孔施工、冻结孔盐水循环管路的安装、测温系统安装调试、保温和开机冻结。各施工过程如图 6-9 所示。

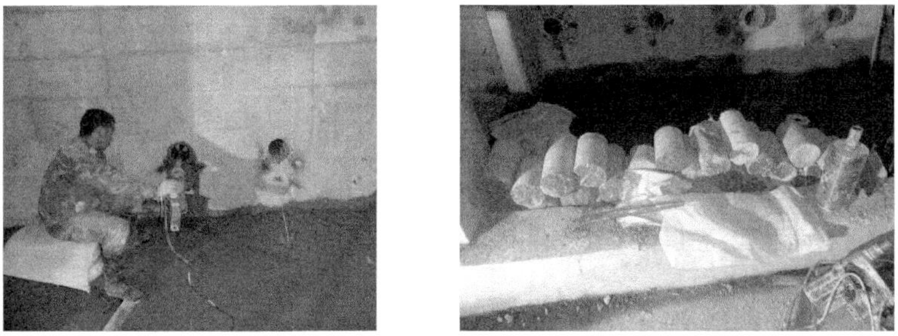

(a) 站内水平孔开孔　　(b) 钻孔取芯

图 6-9 现场冻结施工过程

(c) 站内水平孔打钻

(d) 地面垂直孔打钻

(e) 水平孔测深

(f) 水平孔测斜

(g) 站内上部管路连接

(h) 地面管路连接

(i) 地面冻结站

图 6-9(续)

2. 原始地温

冻结孔及测温孔造孔完毕以后开始布设测温点并调试温度监测系统，测得开机冻结前的原始地温资料，汇总并绘制地层沿隧道纵向原始地温曲线和地面垂直向下地层原始地温曲线，如图 6-10 所示。

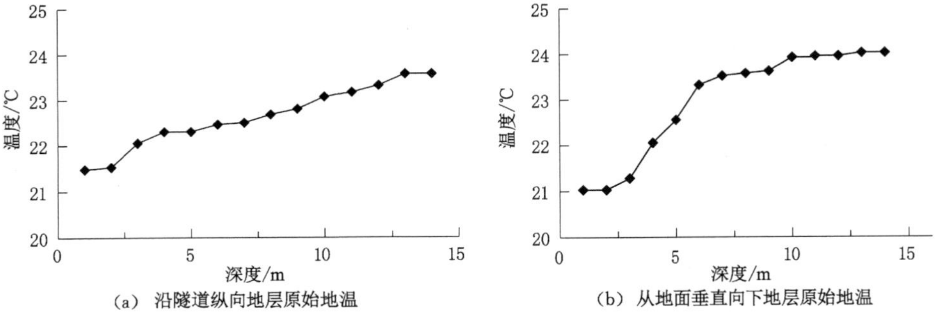


图 6-10 地层原始地温

由现场实测地温资料可以得知，在测温孔所在位置沿隧道纵向 1.5～14.5 m 范围内原始地温在 21.48～23.57 ℃之间，靠近地下连续墙处温度稍低，远离地下连续墙处稍高，原因为靠近地下连续墙处受外界空气热对流影响，使该处地层温度在一定程度上有所降低。在地面垂直向下 1.0～14.0 m 范围内地层原始地温在 21.03～24.02 ℃之间，而且原始地温随测温孔测点深度的增加，也不断升高，到达一定深度后逐渐趋于平缓，靠近地表 5 m 范围内地层温度都明显偏低，因为受地表与空气热对流影响，使得距地表 2 m 范围内的原始地温都有所降低。

3. 盐水去回路温度

在冻结过程中，通过对盐水干管去回路温度进行实时监测，绘制盐水去、回路温度及温差曲线，如图 6-11、图 6-12 所示。

地下左右两侧干管盐水共用一个冻结站，因此在盐水变化趋势上比较接近，只是由于两侧盐水在热交换中的差异而显示出细微的差别。由于冻结工作面陆续开始冻结，随着冻结面的增加需要补充新的盐水，盐水的温度出现大的波动现象，待稳定后，盐水温度逐渐平稳下降。冻结初期由于热负荷较大，盐水去回路温差最大时达到 2.2 ℃，冻结站运转 37 d，盐水去路温度降到 －28.6 ℃。5 月 5 日由于二、三区开始冻结，受到补充盐水的影响，盐水温度出现了大幅升高，冻结站增加机器负荷，盐水温度平稳下降。6 月份由于不可

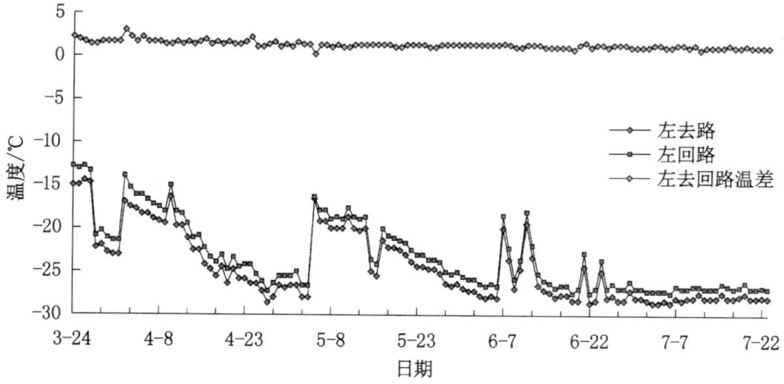


(a) 站内左侧盐水温度变化曲线

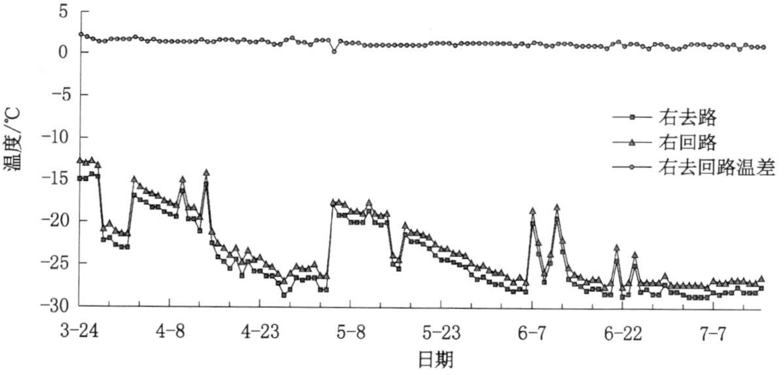


(b) 站内右侧盐水温度变化曲线

图 6-11　站内盐水温度变化曲线

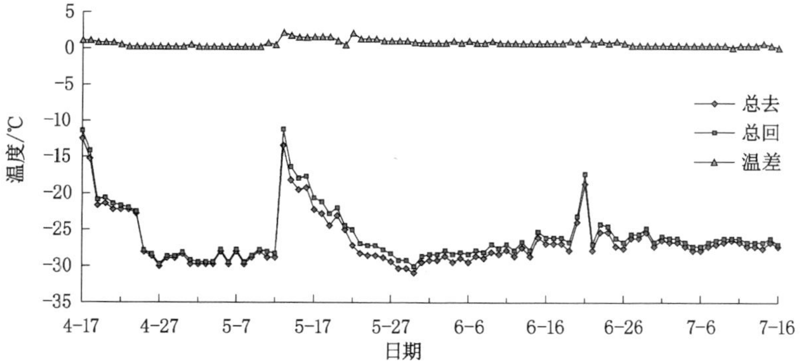


图 6-12　地面盐水温度变化曲线

抗拒因素，出现几次停电导致盐水温度不同幅度升高，但恢复供电后，盐水很快降至设计要求温度。冻结后期，随着冻土发展面积不断扩大，热负荷逐渐减小，盐水去回路温差维持在 1 ℃左右波动。

地面冻结站 4 月 17 日开始运转，由于设计要求先冻结一区 D87～D94、D107～D112 共 14 个冻结孔，热负荷相对较小，盐水温度在冻结 10 d 后降至 －30 ℃，去回路温差维持在 0.3 ℃。5 月 13 日二、三区冻结孔全部开始盐水循环，受增加盐水的影响，盐水温度大幅上升，同时随着热负荷的变大，盐水去回路温度温差最大时达到 2.2 ℃，随着冻结施工方增大机组运转负荷，盐水温度逐步下降，盐水温差也随着冻结的进行同步下降，最后维持在 1 ℃左右波动。

4. 测温孔温度

(1) 站内水平测温孔温度

站内水平测温孔布置位置如图 6-3 所示，选取的部分水平测温孔在冻结过程中测点温度随冻结时间的变化曲线如图 6-13～图 6-25 所示。

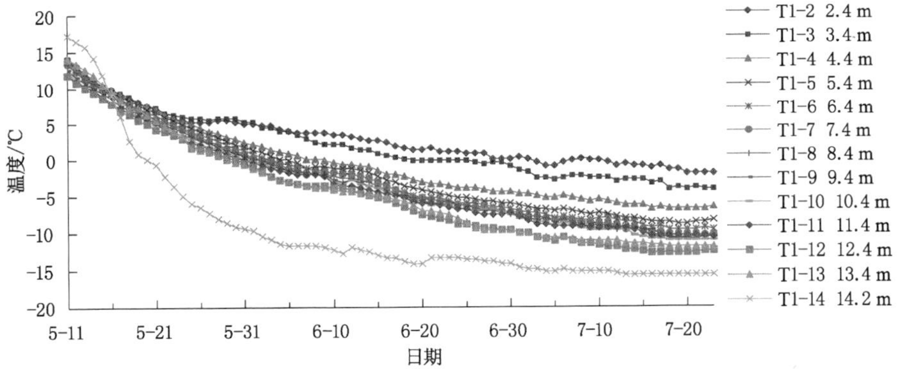


图 6-13 T1 测温孔温度-时间曲线

从站内水平测温孔实测的结果可以看出，人工冻结过程中土体的温度变化具有如下一些规律：

① 在开始降温阶段，土体的温度下降比较显著，几乎呈直线下降，这主要是因为在冻结开始阶段，总体制冷量远大于放热量，土体与盐水温差大，热交换剧烈。这也可以从数值模拟的结果中得到验证。

② 当土体温度降到 －4～2 ℃之间时，曲线明显要缓，甚至变平，近似平行于时间曲线轴，这是交圈期温度变化最显著的特点。由于这段时间内，土体

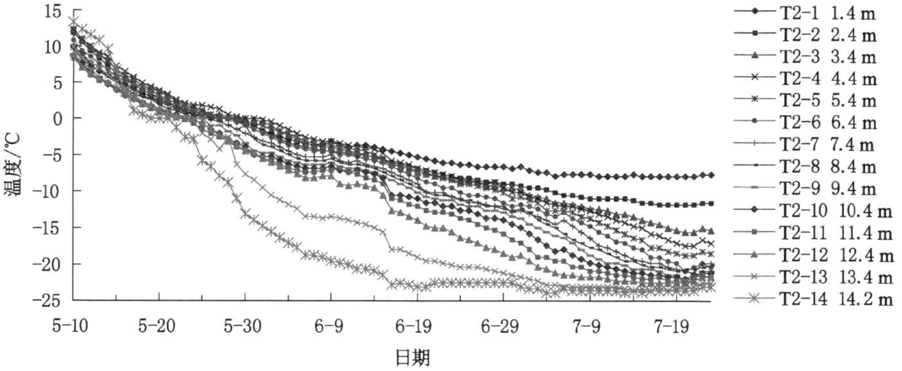


图 6-14　T2 测温孔温度-时间曲线

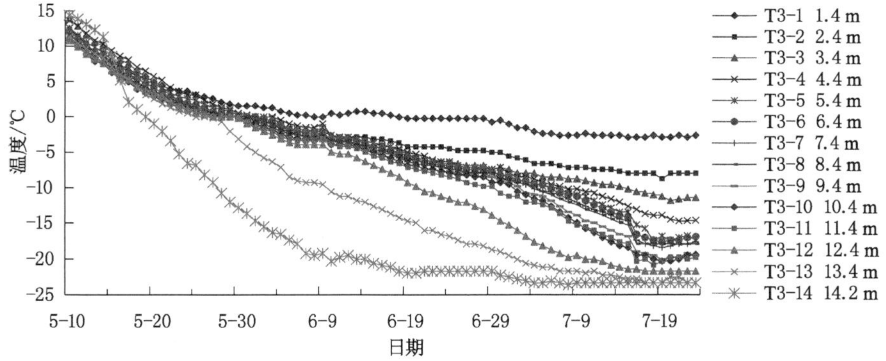


图 6-15　T3 测温孔温度-时间曲线

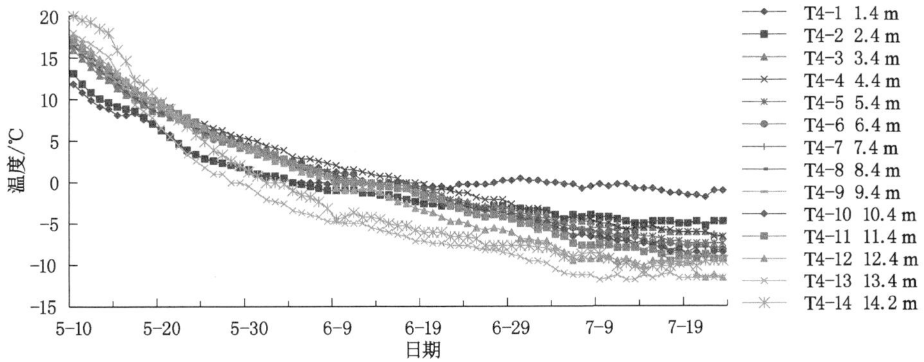


图 6-16　T4 测温孔温度-时间曲线

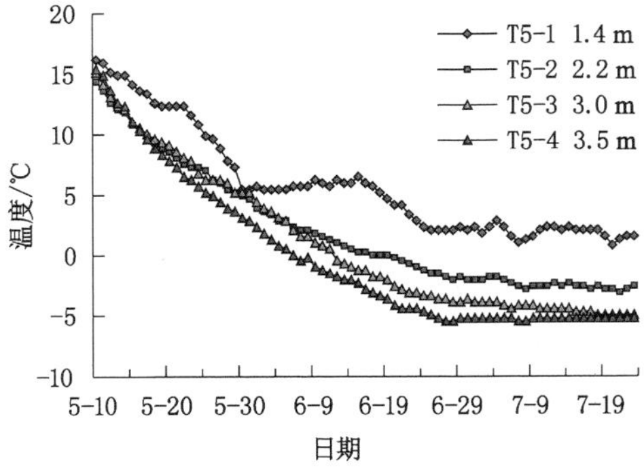


图 6-17　T5 测温孔温度-时间曲线

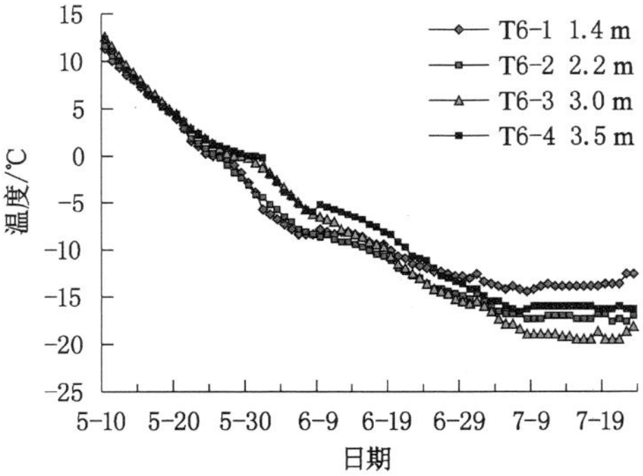


图 6-18　T6 测温孔温度-时间曲线

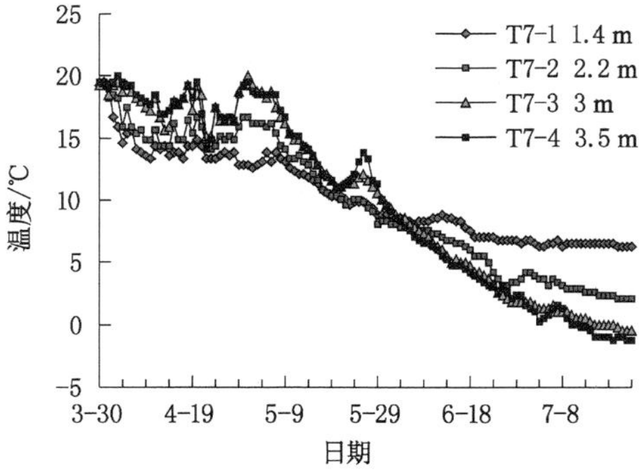


图 6-19　T7 测温孔温度-时间曲线

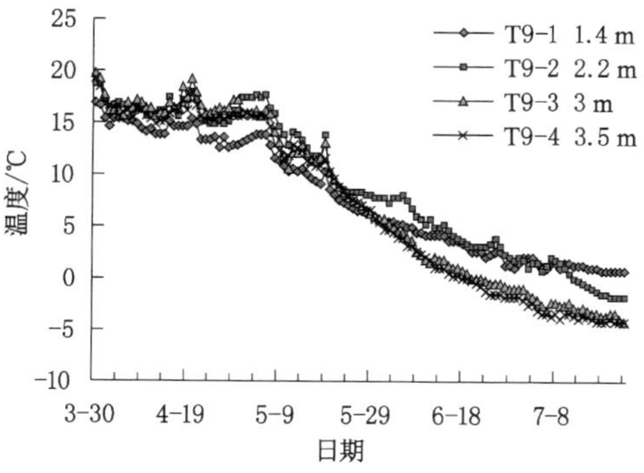


图 6-20　T9 测温孔温度-时间曲线

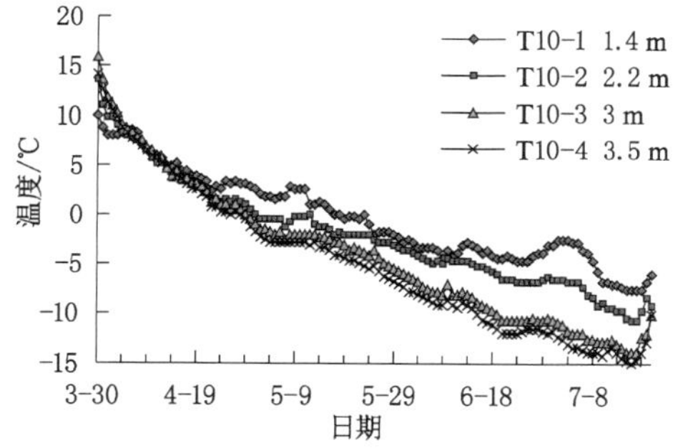


图 6-21　T10 测温孔温度-时间曲线

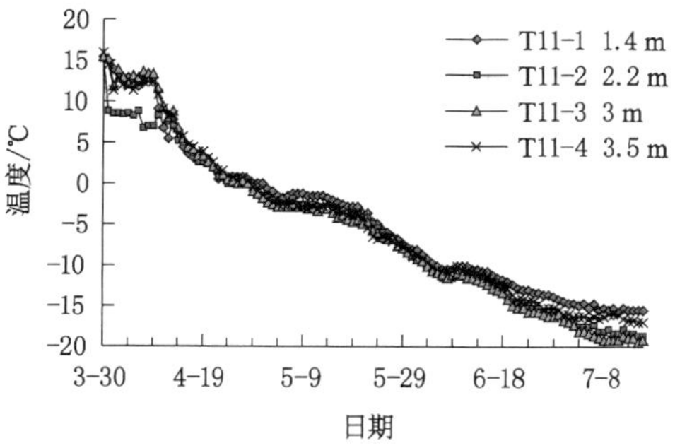


图 6-22　T11 测温孔温度-时间曲线

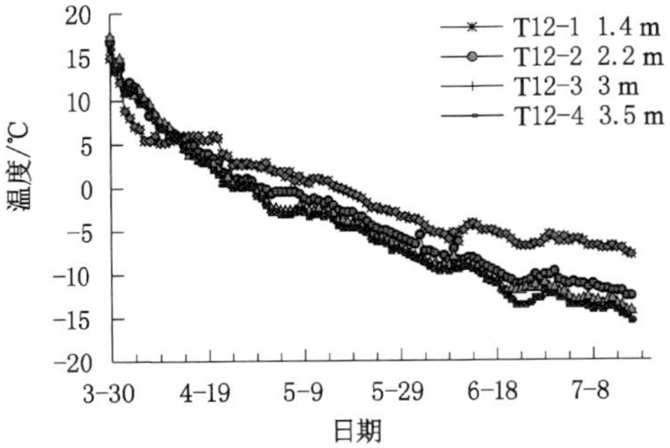


图 6-23　T12 测温孔温度-时间曲线

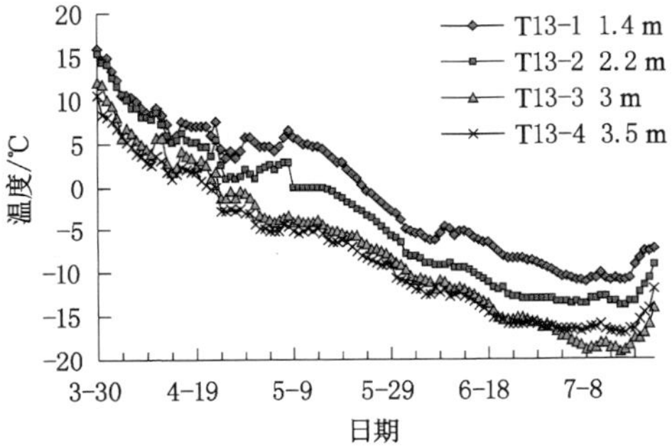


图 6-24　T13 测温孔温度-时间曲线

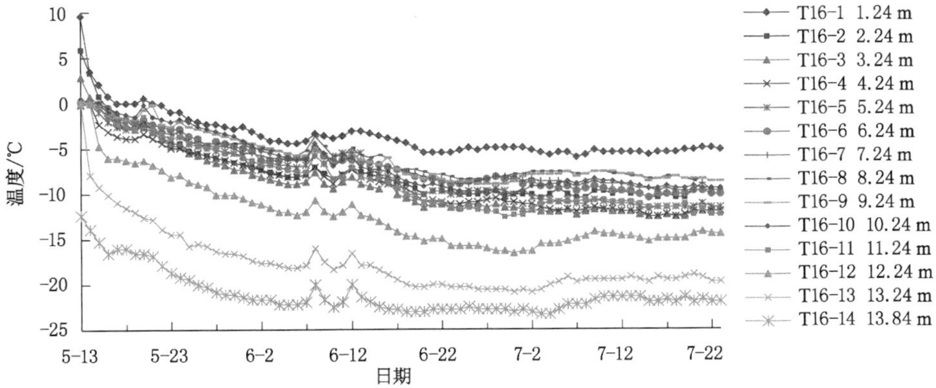


图 6-25　T16 测温孔温度-时间曲线

中发生相变，土体中的部分液态水变为固态，要放出大量的潜热，由于单位时间内冻结管的供冷量是一定的，因而，在潜热的影响下冻结圆柱交圈完成就要持续一段较长的时间。

③ 从图 6-13～图 6-25 中可以看出，在冻结管冷量持续供给的情况下，土体的温度也逐步降低。但当土体的温度降到零度以下后，其温度并非随着冻结时间的延长而出现大幅下降的趋势，而是逐渐趋于某一负温度值，其变化幅度变得明显平缓，此时各测点逐渐达到热动态平衡，各测点温度值只在小范围内波动。

④ 从图 6-13～图 6-25 中可以看出，各测温孔内 1 号测点的温度下降速度缓慢，其温度均明显高于其余测点温度值，因为各测温孔中其 1 号测点均位于地下连续墙与土体交界面处，易受外界空气温度影响。还可以发现，各测温孔随着测点深度的增加，受外界温度影响减小，测点的温度值也在降低。

⑤ 从图 6-13～图 6-16、图 6-25 可以看出，测温孔内所有深度大于 13 m 的测点，其测点温度值下降速度十分显著，相同时期均低于同一测温孔中的其余测点温度值，并且都最先达到相对稳定值，这是因为 13 m 以上的测点位置均比较接近垂直冻结管，受地面垂直冻结管冷量的作用，该处温度下降明显。这在数值模拟的结果中也能得到验证。

⑥ 比较同一断面上测温孔 T1 与 T2、T3 与 T4、T5 与 T6 的温度值可以看出，在相同时间，在冻结圈外部的测温孔 T1、T4、T5 的温度值都分别高于冻结圈内部测温孔 T2、T3、T6 的温度值。因为冻结圈外侧的土体降温受到地温的影响，外侧土体的降温速度比内侧土体要慢。这与前面数值模拟部分的计算结果相一致。

⑦ 从图 6-19、图 6-20 可以看出，T7 与 T9 中各测点温度在冻结前期出现较大幅度的波动现象，温度值相当不稳定，在 5 月上旬后，各测点的温度均明显下降，降温效果较为理想。这是由于 T7 与 T9 位于上排冻结孔的上方，距离地面较近，且位于上部杂填土中，容易受地下水流影响，尤其是在下雨前后，温度变化明显，波动较大，在 5 月上旬通过对上部杂填土进行注浆填充，各测点的温度均出现了快速下降。

（2）地面垂直测温孔温度

在冻结过程中各地面垂直测温孔测点温度随冻结时间的变化曲线如图 6-26、图 6-27 所示。

从地面垂直测温孔实测的结果可以看出，人工冻结过程中土体的温度变化具有如下一些规律：

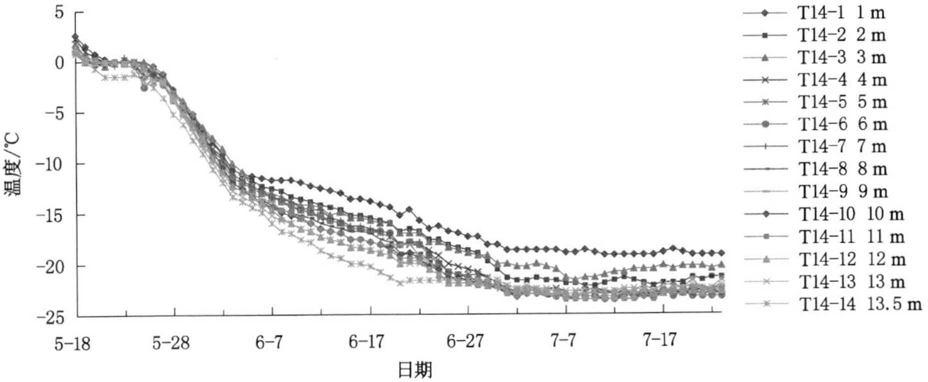


图 6-26　T14 测温孔温度-时间曲线

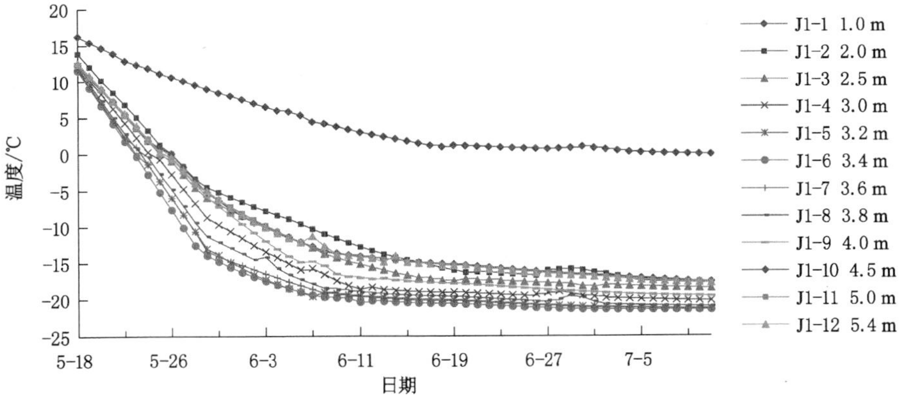


图 6-27　J1 测温孔温度-时间曲线

① 地面垂直测温孔 T14 布置在地面双排冻结孔之间，各测点温度下降速度非常明显，且各测点温度均随深度的增加而降低；测温孔 T15 布置在地面双排冻结孔的外侧，受到外界地温影响较大，与外侧土体一直会有热量交换，损失较多的冷量，所以 T15 各测点降温较 T14 缓慢，各测点温度也均随深度的增加而降低；对比 T14-1、T15-1 测点的降温曲线，可以发现双排冻结管有利于浅埋位置冻结壁的形成。

② 测温孔 J1 布置在水平与垂直冻结管交界面处，其测点温度均随冻结时间的增加而下降；在冻结初期，各测点温度下降明显，几乎呈线性下降，随着冻结时间的延长，各测点温度下降速度减缓，并趋于稳定；同一时期，各测点温

度最低值为水平冻结管所在平面 3.4 m 处测点值，因其受到两侧的水平冻结管的冷量作用。

③ 由以上地面垂直测温孔的实测降温曲线可以得到，地面以下 2 m 内测点温度下降速度相对缓慢，并在相同时期均高于同一测温孔的其余测点温度值，可见，地表对流热交换影响深度接近 2 m，这与数值模拟结果相一致。

5. 冻结壁平均温度发展规律

冻结壁平均温度主要与盐水温度、冻结壁厚度、冻结孔间距、冻结管直径以及原始地温等因素有关。冻结壁平均温度随着冻结壁厚度的增大而降低，且平均温度降低的速率与厚度成正比。冻结壁主面的平均温度比其界面的平均温度低；当冻结壁厚度较薄时，主、界面平均温度的差值较大；随厚度的增大，其差值随之减小。

冻结壁平均温度随孔距的增大而升高，孔距愈小，冻结壁平均温度愈低。冻结壁平均温度随冻土温度的降低而降低。在确定冻结壁的平均温度时，通常采用的计算方法是取冻结壁主面平均温度和界面平均温度的算术平均值来作为冻结壁的平均温度。冻结壁平均温度的计算在《建井工程手册》中推荐使用成冰公式，此公式不适合计算多排管或多圈管温度场计算。工程上经常采用成冰公式来计算冻结壁的平均温度，但文献经推导证明“成冰公式不适用于冻土帷幕平均温度的计算，其计算结果过于保守”，为获得较准确的平均温度值，本书采用“用温度曲线包络图面积除以计算截面冻结壁厚度”的方法，即作图法计算。为了更好地研究水平与垂直双向冻结交界面处温度场的发展规律，分别对垂直管主面 CZ、垂直管界面 CJ、水平管界面 SJ2 的冻结壁平均温度进行计算。

(1) 垂直管主、界面平均温度

取测温点 T14-3、T15-3 对应位置为研究对象，通过运用“用温度曲线包络图面积除以计算截面冻结壁厚度”的方法计算出不同冻结时间点垂直管主面 CZ 和垂直管界面 CJ 冻结壁平均温度，绘制成曲线如图 6-28 所示。

从图 6-28 中曲线的发展可以看出，冻结初期垂直管主面 CZ 和垂直管界面 CJ 冻结壁平均温度都迅速下降，基本都呈线性发展，随着冻结时间的推移，平均温度下降的速度逐渐减小，到冻结后期趋近水平，平均温度下降十分缓慢，说明此时冻结锋面的热交换基本达到平衡。还可以发现，垂直管界面 CJ 冻结壁平均温度稍低于垂直管主面 CZ，这是由于垂直管界面 CJ 与水平冻结管在同一条直线上，其一直受到水平冻结管端头冷量的作用，但随着冻结时间的延长，两者的平均温度差距在减小。

(2) 水平管界面 SJ2 平均温度

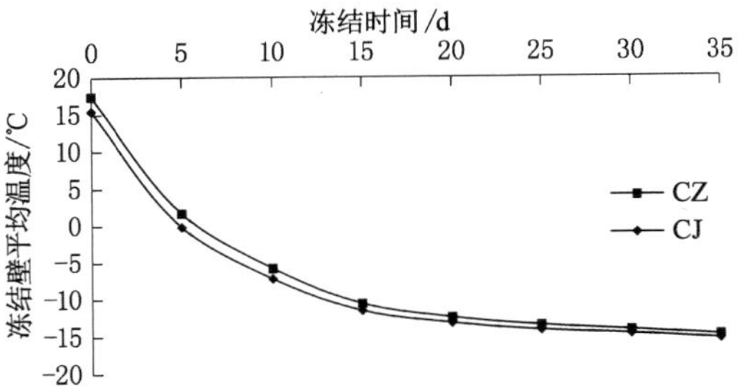


图 6-28　垂直管主界面冻结壁平均温度-时间曲线

同样取测温点 T14-3、T15-3 对应位置为研究对象，通过运用“用温度曲线包络图面积除以计算截面冻结壁厚度”的方法计算出不同冻结时间点水平管界面 SJ2 冻结壁平均温度，绘制成曲线如图 6-29 所示。

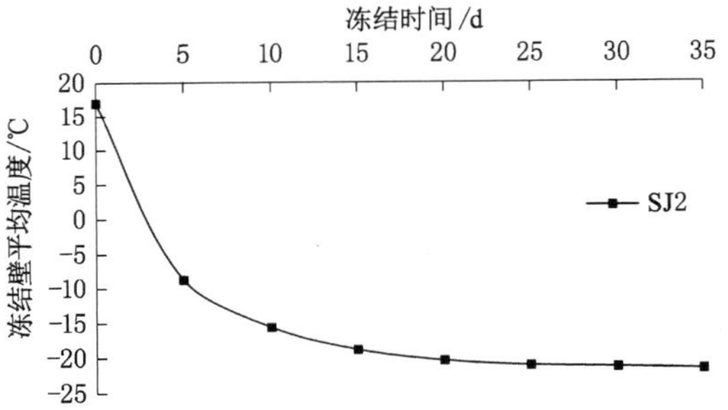


图 6-29　水平管界面 SJ2 冻结壁平均温度-时间曲线

图 6-29 中水平管界面 SJ2 平均温度发展规律与垂直管主、界面相类似，冻结初期水平管界面冻结壁平均温度迅速下降，基本呈线性发展，随着冻结时间的推移，平均温度下降的速度逐渐减小，但是，水平管界面 SJ2 的平均温度下降速度较垂直管主、界面快得多，而且水平管界面 SJ2 的平均温度偏低，由于水平管界面 SJ2 离垂直管很近，很快就被垂直管所形成的圆柱状冻土体所包围，所以水平管界面 SJ2 处冻结壁平均温度下降很快且温度值很低。

6. 冻结壁厚度发展规律

(1) 垂直管主、界面冻结壁厚度发展规律

根据测温点 T14-3、T15-3 的温度数据分别计算水平冻结管与垂直冻结管交界面处，双排垂直冻结管向里外发展的冻结速度，结合冻结时间得出该深度垂直管主、界面冻结壁厚度发展曲线如图 6-30 所示。

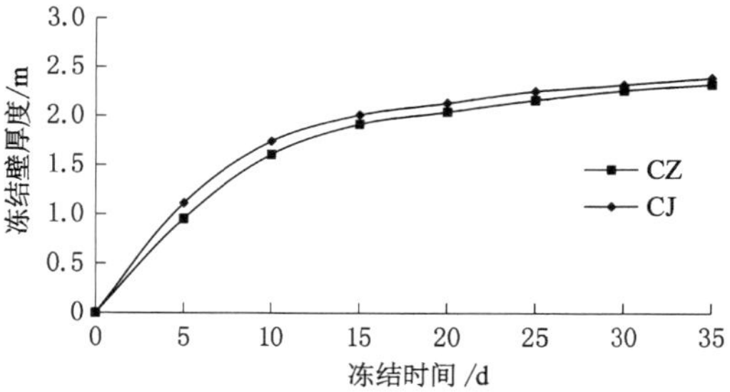


图 6-30　垂直管主界面冻结壁厚度发展曲线

从图 6-30 可以发现，垂直管主、界面冻结壁厚度均随冻结时间的延长而增加，冻结初期，冻结壁发展速度快，冻结壁厚度呈线性增加，随着冻结时间的延长，冻结壁的发展速度逐渐减慢趋于平缓。由于垂直管界面受到水平冻结管端头的作用，且经过外排垂直冻结管的中心，所以垂直管界面冻结壁厚度发展较垂直管主面快，但随着冻结时间的增加，两者冻结壁厚度差距也在逐渐减小。

（2）侧墙两侧冻结壁厚度发展规律

根据测温孔 T3、T4 的温度数据分别计算出沿隧道纵向不同深度位置处侧墙冻结管向两侧各自发展冻结壁的厚度，结合冻结时间得到各深度位置处冻结壁厚度的发展规律。所取的不同深度位置分别为土体与地下连续墙接触面处（对应测温点 T3-2、T4-2）、水平冻结管 1/2 深度处（对应测温点 T3-7、T4-7）和水平冻结管底部处（对应测温点 T3-14、T4-14）。

从图 6-31 中可以发现，在相同深度位置处，冻结壁向管径内侧发展速度快于向外侧发展速度，因外侧受到地温影响，会造成冷量不断损失；在冻结管的同一侧，管底部冻结壁厚度发展最快，因其受到垂直冻结管的影响，其次是 1/2 深度处，最后是地下连续墙处，因地下连续墙处会受到外界空气的影响。

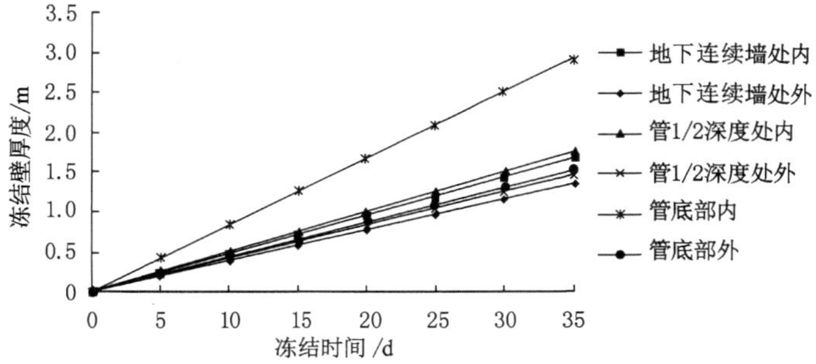


图 6-31　不同深度处侧墙两侧冻结壁厚度发展曲线

### 6.1.6 应力场与地表变形现场监测

(1) 传感器布置

开挖断面内共设置8个泄压孔，冻结一区内设置X4、X5两个泄压孔，冻结二区内设置X1、X2、X3三个泄压孔，冻结三区内设置X6、X7、X8三个泄压孔。通过监测安装在泄压管端头的压力表来监测内部土体冻胀情况。

压力传感器采用专用的设备加工后，设置在测温(测压)孔T14YL、T15YL中，在地面以下7.5 m处，压力传感器分别用于测量双排竖直冻结管形成的内部和外部冻结壁冻胀压力，T14YL孔在冻结二区中，T15YL孔在冻结三区中。压力传感器为TYJ20钢弦式土压力传感器，经普通电缆与钢弦式频率接收仪相接形成压力监测系统。压力传感器焊设在测温管的外壁上，方向与冻土帷幕发展的方向垂直，与测温管一起钻进土层。压力传感器受力后，其频率信号经加长电缆传输至频率仪，经过公式计算得到压力值。

压力的监测每天进行一次，当压力达到设计压力后，打开阀门释放压力，使水文卸压孔内的压力维持在较低的水平，以免过大的冻胀压力对隧道和周围结构产生不利的影响。如冻胀显现异常，则增加监测密度。卸压孔的作用主要有两个：一是可以作为判断冻结帷幕是否充分交圈的依据；二是施工过程中通过及时卸压，可以有效地减少冻结帷幕内部土体冻胀对冻结壁结构的不利影响。

(2) 地表沉降测点布置

图6-32标明了广州地铁6号线大坦沙站至如意坊站区间冻结暗挖施工冻结项目地表沉降监测的测点布设位置。因沉降测点较多，选取站内累计沉降量较大的测点和结构重要部位的沉降测点数据进行分析。

(3) 监测方案与实施

在超浅埋穿越段冻结施工过程中，冻结土体中温度降低到冰点时，土中的水开始结冰膨胀，土体体积变大，本工程埋深浅，土体因冻胀作用，将使地表产生不同程度的抬升，同时结构梁与结构板下部土体冻胀因受到上部结构约束作用，将产生较大的冻胀力，过大的冻胀力将对结构造成破坏。冻胀压力监测如图6-33(a)、(b)所示。

通过地表沉降实时观测可以及时掌握冻胀变形情况，并采取措施合理有效地控制冻胀。本工程沉降监测可获得因钻孔施工引起的水土流失、因土体冻胀作用而产生的地表与结构变形、后期土体解冻注浆引起的地表位移，沉降监测结合冻结监测可更有效地判别下部土体冻结帷幕的发展状况。

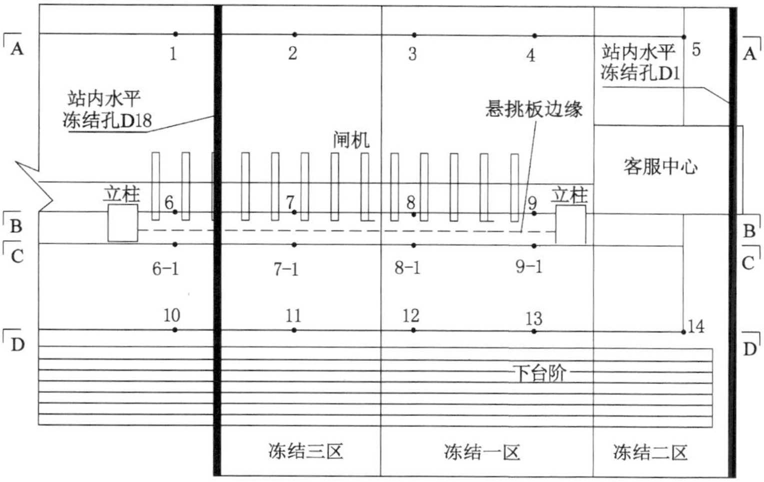


图 6-32　沉降测点布置图

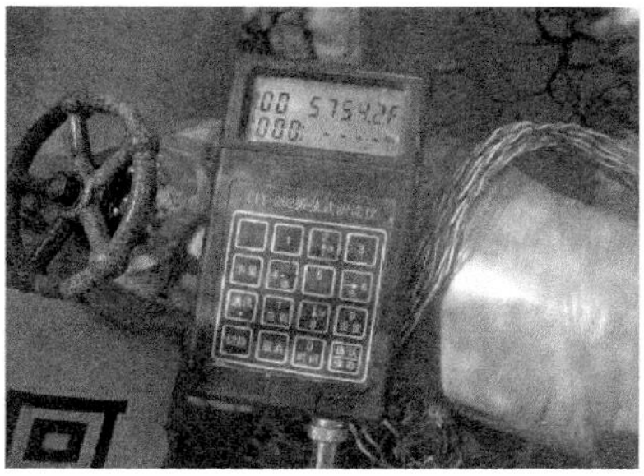

(a) 冻胀压力监测

(b) 泄压孔监测

(c) 沉降观测点

(d) 沉降观测

图 6-33　冻结监测实施

水准点、观测点布置:冻结开始前根据设计要求规范布置永久性水准点6个,以便校核,水准点保证坚固且不易破坏。在冻结区域上方站内与站外均匀布置沉降观测点30个,沉降观测点(钢钉)通过铁锤砸入上部大理石板间隙中。地表监测采用DS1精密水准仪及铟钢带水准尺。在观测过程中,如遇到地表抬升过大情况,应立即进行一年多次连续观测与记录,并通知各参与方。定期对沉降观测数据进行汇总分析,为下一步冻结施工提供依据,地表变形测点如图6-33(c)所示,地表变形监测如图6-33(d)所示。

## 6.2 广州地铁6号线长湴站至植物园站区间联络通道冻结施工

### 6.2.1 工程概况

广州市轨道交通6号线二期工程长湴站至植物园站区间隧道采用盾构法施工,在里程ZDK24+879.055、YDK24+873.571处设有1座联络通道及废水泵房,左、右线隧道中心线间距为12 m,隧道中心标高为14.4 m。拟构筑联络通道所在位置的隧道管片为钢管片,隧道内径为5.4 m。1#联络通道采用冷冻法进行加固,冻结帷幕为2 m。加固完成后采用矿山法进行开挖施工,衬砌采用格栅钢架+钢筋网片喷射混凝土。二次衬砌采用300 mm厚钢筋混凝土。临时支护层和永久结构层之间设防水层,在联络通道结构层底部左、右线各预埋一根排水管。联络通道及废水泵房结构如图6-34所示。

### 6.2.2 工程及水文地质

(1) 工程地质

联络通道所处的土层主要为花岗岩残积土层＜5H-2＞、全风化花岗岩＜6H＞、强风化花岗岩＜7H＞等,这些土层具有遇水软化崩解的特性,开挖前应对土层进行预处理加固并避免扰动和浸水。具体描述如下:

① 花岗岩残积土层＜5H-2＞

主要为砂质黏性土,局部为砾质黏性土及黏性土,呈硬塑～坚硬状。

本层标准贯入试验实测击数14～43击,平均击数28击;修正击数10.2～30.1击,平均击数20.3击。层厚0.60～24.40 m,平均厚度8.67 m。

② 全风化花岗岩＜6H＞

呈黄褐色、褐灰色、灰色、黑褐色等,原岩组织结构已基本风化破坏,但尚

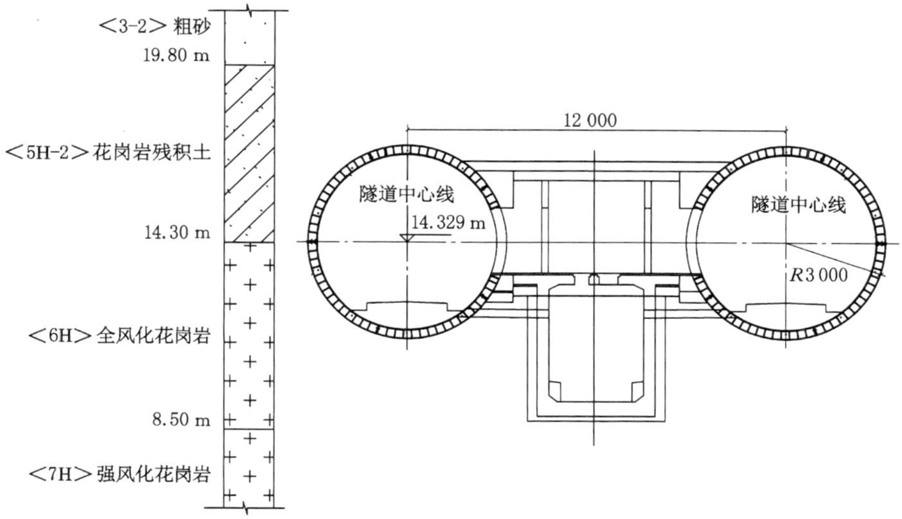


图 6-34　联络通道及废水泵房结构图

可辨认，岩芯呈坚硬土柱状，遇水易软化崩解。局部夹强风化花岗岩碎块。

本层标准贯入试验实测击数 43～71 击，平均击数 54 击；修正击数 30.1～49.7 击，平均击数 37.6 击。层厚 0.60～27.60 m，平均层厚 6.84 m。

③ 强风化花岗岩<7H>

呈黄褐色、褐灰色、灰色、黑褐色等，原岩组织结构已大部分风化破坏，矿物成分已显著变化，风化裂隙很发育，岩石极破碎，岩块可用手折断。钾长石用手捏成砂状，斜长石、云母多已风化成高岭土或黏土，局部夹全风化花岗岩。岩芯呈半岩半土状，岩芯遇水易软化崩解。

本层标准贯入试验实测击数 75～150 击，平均击数 100 击；修正击数 52.5～105.0 击，平均击数 70.1 击。揭露层厚 0.60～20.80 m，平均揭露厚度 5.42 m。

（2）水文地质

地下水按赋存方式分为第四系松散土层孔隙水、基岩裂隙水。

① 地下水位

本区间地貌上主要属于残丘陵地貌，沿线为剥蚀残丘和山间冲洪积小盆地或小沟谷。所揭露第四系地层为人工填土层、冲积～洪积砂层、冲积～洪积土层、河湖相沉积土层、坡积土层及残积土层，基岩为花岗岩。地下水位的变化受地形地貌和地下水补给来源等因素控制。

勘察所揭露的地下水水位埋藏变化较大，初见水位埋深为 1.10～6.80 m，平均埋深为 2.47 m，标高为 23.92～30.37 m，平均标高为 28.15 m；稳定水位埋深为 1.60～7.40 m，平均埋深为 3.03 m，标高为 23.32～30.07 m，平均标高为 27.60 m。

地下水位的变化与地下水的赋存、补给及排泄关系密切，广州地区每年 5～10 月为雨季，大气降雨充沛，水位会明显上升，而在冬季因降水减少，地下水位随之下降。

② 松散土层孔隙水

第四系冲积～洪积砂层为主要潜水含水层，由于冲积～洪积砂层含黏粒较多，富水程度较差。山沟谷口处，补给条件稍好，富水性中等；局部地段粉质黏土层覆盖砂层，地下水具承压性。

③ 基岩裂隙水

基岩裂隙水主要赋存在燕山期花岗岩强风化带及中等风化带，为承压水，地下水的赋存条件不均一，主要与岩性、岩石风化程度、裂隙发育程度等有关。

从现有的勘察资料分析，强风化花岗岩裂隙发育，岩石破碎，岩芯呈半岩半土状或土夹碎块状；中等风化花岗岩裂隙较发育，岩石较破碎，岩芯呈短柱状或块状；由于强风化花岗岩裂隙为泥质充填，地下水赋存条件相对较差，一般具弱透水性，富水性弱，中等风化花岗岩主要与岩石裂隙发育程度有关，地下水赋存条件差异性大，一般具弱～中等透水性，富水性弱～中等。由于强～中等风化基岩上覆全风化岩、残积土等相对隔水层，因此裂隙水具承压性。

### 6.2.3 方案设计技术要点

由于该联络通道所处地层复杂，在施工中必须采取切实可靠的技术措施，以确保联络通道施工的安全并保证施工工期。根据以往施工联络通道经验，提出以下技术要点：

(1) 根据以往联络通道冻结孔施工的成功经验，用金刚石取芯钻开孔，跟管钻进法下冻结管。冻结孔开孔前，先打设泄压孔作为探孔，探测地层稳定情况。每个钻孔设有孔口管，并安装钻孔密封装置，以防钻进时大量涌水、涌砂。

(2) 针对施工冻结孔时容易产生冒泥涌水现象，采用强力水平钻机，尽量实现无泥浆钻进。如发现钻孔泥水流失，及时进行补浆充填。

(3) 由于混凝土和钢管片相对于土层散热要容易得多，会影响隧道管片附近土层的冻结速度，从而影响冻结帷幕的整体稳定性和封水性。管片外面采用 PEF 板隔热保温，以减少冷量损失。在冻结帷幕与管片胶结处放置测温点，以加强对冻结帷幕与管片胶结状况的检测。

(4) 加强对冻结过程的检测。在冻结帷幕内布置测温孔，以便正确判断冻结帷幕是否交圈和测定冻结帷幕厚度。对侧隧道管片附近土层的冻结情况将成为控制整个联络通道冻结帷幕安全的关键，为此，在对侧隧道管片上沿冻结帷幕四周布置测温孔，以全面监测冻结帷幕的形成过程。

(5) 在联络通道两端布设泄压孔，以减小土层冻胀对隧道的影响。可利用管片上的注浆孔来卸压，该孔亦可作为冻结帷幕压力变化的观测孔。

(6) 联络通道冻结立圈前在隧道内设预应力支架，以防打开预留钢管片时隧道变形和破坏。开挖前必须安装通道安全应急门，施工完联络通道临时支护层后再打开对侧隧道联络通道的预留钢管片。

(7) 在开挖过程中必须及时进行冻结帷幕变形和温度观测，如遇冻结帷幕有明显变形，立即用钢支架支撑，调整开挖构筑工艺，并同时加强冻结。

(8) 由于冻胀力和冻土融沉的作用，影响周围土层的力系平衡，使隧道产生水平位移和沉降，故在整个施工过程中，加强对隧道变形的监测，确保隧道安全。在冻结帷幕关键部位，多布置测温孔，监测冻结帷幕的形成过程和形成状况。

(9) 在联络通道衬砌中预埋注浆管，采用注浆方式以补偿土层融沉，注浆应配合冻结帷幕融化过程进行。

(10) 加强对地面建筑、管线的保护。加强对地面建筑物、地下管线的检测；采用快速冻结减少冻胀；加强融沉注浆。

### 6.2.4　冻结方案设计

根据类似工程的施工经验，采取隧道内水平冻结加固＋暗挖法施工。即在隧道内利用水平孔和部分倾斜孔冻结加固地层，使联络通道及泵房外围土体冻结，形成强度高、封闭性好的冻结帷幕。在冻土中采用矿山法进行联络通道及泵房的开挖构筑施工，地层冻结和开挖构筑施工均在区间隧道内进行。

(1) 冻土帷幕要求

① 冻结帷幕厚度不应小于 2 m；

② 冻结帷幕平均温度设计为不高于－10 ℃；冻结壁与管片交界面不高于－5 ℃；

③ 积极冻结期盐水温度为－28 ℃以下；

④ 联络通道及废水泵房积极冻结时间为 40 d，维护冻结时间为 20 d；

⑤ 冻结孔单孔流量为 5～8 $m^3/h$。

(2) 冻结孔、测温孔、泄压孔布置

① 冻结孔布置

联络通道及废水泵房冻结孔的布置均采取从左、右线隧道两侧打孔方式进行。冻结孔按上仰、水平、下俯三种角度布置，共布置冻结孔 75 个，其中左线 54 个，右线 17 个，在通道中腰部设置 4 个穿透孔，供右线隧道冻结孔及冷排管需冷用。冻结孔施工前结合穿透孔的施工情况对冻结孔角度及长度予以调整。

冻结管用 $\phi$89 mm×8 mm 的 $20^{\#}$ 低碳钢无缝钢管；冻结孔的开孔位置误差不大于 100 mm，应避开管片接缝、螺栓、主筋和钢管片肋板；冻结孔最大允许偏斜不大于 150 mm；冻结管接头采用螺纹加焊接，抗拉强度不低于母管的 80%；冻结管耐压不低于 0.8 MPa，并且不低于冻结工作面盐水压力的 1.5 倍；冻结孔有效深度不小于冻结孔设计深度；冻结管管头碰到冻结站对侧管片的冻结孔，不能循环盐水的管头长度不得大于 150 mm。

② 测温孔布置

测温孔布置 8 个，左线布设 2 个，右线布设 6 个，目的主要是测量冻结帷幕范围不同部位的温度发展状况，以便综合采用相应控制措施，确保施工的安全，测温管选用 $\phi$45 mm×3 mm 无缝钢管，测温管长度每个 2～4.5 m。

③ 泄压孔布置

在冻结帷幕封闭区域内通道均布置 4 个泄压孔，左、右线各 2 个，在泄压孔上安装压力表，可以很直观地监测冻结帷幕内的压力变化情况，通过每日的观测，及时判断冻结帷幕的形成，并可直接释放冻胀压力。卸压管长度每个 3 m，管前端开口，进入土体段管壁上钻若干孔，呈梅花状分布，以确保冻结帷幕内的压力有效传递。

(3) 制冷系统设计

① 冻结需冷量计算

$$Q = 1.2\pi dHK$$

式中 $d$——冻结管直径，取 89 mm；

$K$——冻结管散热系数，取 280 kcal/($m^2$ · h)；

$H$——冻结区总长度，取 559.065 m。

将上述参数代入公式得最大需冷量为 $5.906\times10^4$ kcal/h。

② 冷冻设备选型

根据需冷量，选用 TBS510.1JF 型螺杆机组 1 台套，另外备用 1 台。单台机组设计工况制冷量为 $10.01\times10^4$ kcal/h，完全满足制冷需求；盐水循环泵选用 IS150-125-315B 型 1 台，流量 200 $m^3/h$；每个通道冷却水循环选用 IS150-125-315B 型 1 台，流量 200 $m^3/h$；冷却塔选用 BY-50T 型 2 台。

③ 管路选择及其他

供液管选用 $\phi$48 mm×3.5 mm 钢管，采用焊接连接；盐水干管和集、配液圈选用 $\phi$159 mm×5 mm 无缝钢管；冷却水管选用 $\phi$133 mm×4.5 mm 无缝钢管；冷冻排管选用 $\phi$45 mm×3 mm 无缝钢管；制冷剂选用 R22；冷媒剂选用氯化钙($CaCl_2$)溶液。

### 6.2.5　施工准备

(1) 施工现场准备

根据现场的施工布置，在区间吊出井的地面即长湴车站地面安排一块场地作为地面加工区，并从此站左线盾构吊出口上、下出入隧道和运输设备、材料。在盾构吊出井内安装提升机 1 台，冻结站布置在隧道内靠近联络通道位置。施工用水用电均从区间中间风井接至联络通道，采用 2 根长 800 m、截面积 120 $mm^2$ 电缆。供水管采用 $\phi$25 mmPVC 水管，均满足施工要求。施工阶段的场地布置如图 6-35、图 6-36 所示。

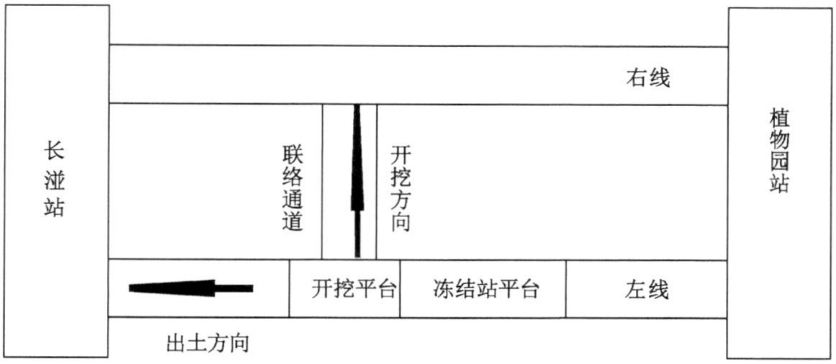


图 6-35　施工平面布置图

(2) 技术准备

在正式施工前必须做好充分的准备工作，从管理机构、施工人员、设备、材料、技术等方面进行全面的准备、组织，施工现场先进行自检，合格后报监理、业主单位审批，待监理、业主单位审批通过后方可正式开工。

① 认真学习领会施工承包合同条款，结合国家现行规范、标准，仔细阅读设计图纸，理解业主对工程的要求。做好图纸的自审与会审，做好前期技术资料准备。

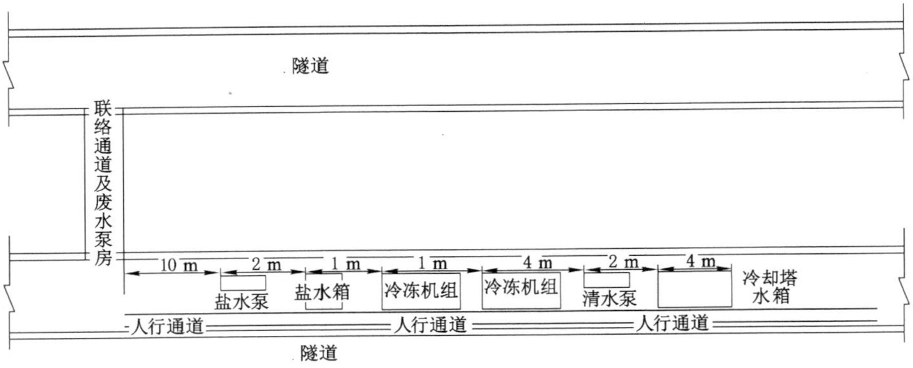


图 6-36　施工现场布置图

② 根据现场提供的基准坐标、高程资料及设计图纸，进行现场中心轴线的测量放样和复核。

③ 根据设计要求、合同条款和施工现场情况编制施工组织设计、施工方案和进度计划。

④ 制定各种技术措施，组织进行“三级”技术交底。使各级人员熟悉工程情况，了解设计意图，掌握规范及技术标准要求和施工方法，在施工中做到人人心中有数，确保工程质量，全面完成任务。技术交底的主要对象是项目部管理人员、施工作业层的管理人员、作业层的班组长和操作工人。技术交底的主要内容对工程任务、施工图要点、质量标准、操作规程、施工方法、施工技术措施、施工进度、工作配合和安全施工技术等。对新结构、新材料、新工艺、新技术、新机具以及设计有特殊要求的部位应进行专门的技术交底。

⑤ 及时统计材料、构配件数量、规格、型号，提出加工订货的需用计划。

⑥ 根据设计要求及施工工艺，委托实验室进行各种强度等级混凝土配合比的设计、试验和优化，以满足施工要求。

（3）现场准备

现场供、排水临时供电系统：

① 从业主提供的施工用水接驳口接一路供水路至联络通道位置，供钻孔和冻结施工用，供水能力不小于 10 $m^3/h$。

② 现场排水经沉淀后排到指定的地方，严禁将泥浆排放在排水系统内。

③ 现场的施工用电功率不小于 250 kW。

④ 供电系统可以采用 10 kV 高压电直接供到联络通道位置或采用 380 V 接到施工现场。

⑤ 施工配电按照三级配电，两级保护布置。由现场配电室接电缆敷设到地面总配电箱，总配电箱接至各分配电箱，再由各分配电箱至各开关箱和用电设备。

⑥ 沿墙敷设的电缆要可靠固定。电缆穿过施工道路时，采用埋地或架空铺设。

冻结质量控制施工流程如图 6-37 所示。

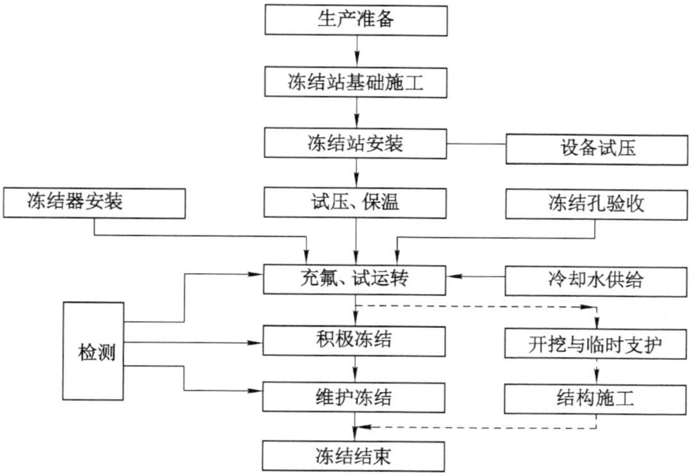


图 6-37　冻结质量控制施工流程

### 6.2.6　钻孔施工方法及工艺

(1) 冻结孔施工顺序

先施工穿透孔，根据穿透孔的偏差，进一步调整有关的钻进参数。然后根据联络通道及废水泵站施工的孔位，采用由上向下的顺序进行施工，这样可防止因下层冻结孔的施工引起上部地层扰动。

(2) 冻结孔开孔及孔口密封装置

开孔选用 J-200 型金刚石钻机，配 $\phi$130 mm 金刚石取芯钻头进行钻孔，深度约为 250 mm，钻孔不得钻穿管片。用钢楔楔断岩芯，取出后，打入加工好的孔口管，并用至少 4 个固定点固定在管片上，然后安装密封装置。

(3) 冻结孔钻进与冻结管设置

① 钻孔设备使用 MD-80 钻机 1 台，配用 BW250 型泥浆泵，钻具利用 $\phi$89 mm×8 mm 冻结管作为钻杆；冻结管之间采用套管丝扣连接，接头螺纹紧固后再用手工电弧焊焊接，确保其同心度和焊接强度符合要求。

② 正常情况下，钻进时安装简易钻头，直接无水钻进。如果钻进困难时，在钻头部位安装一个特制单向阀门，采用带水钻进。冻结管到达设计深度后冲洗单向阀门，并密封好冻结管端部。

③ 钻进过程中严格监测钻孔偏斜情况，发现偏斜要及时纠偏，下好冻结管后，对冻结管长度进行复测，然后再用灯光测斜仪进行测斜并绘制钻孔偏斜图。

④ 在冻结管内下供液管，然后焊接冻结管端盖和去、回路羊角。

(4) 钻孔质量技术要求

① 冻结孔钻进深度应符合图纸设计深度。钻头碰到隧道管片的，不参与制冷循环的长度不大于 150 mm。

② 钻孔的偏斜应控制在 150 mm 以内。

③ 冻结孔终孔最大允许间距为 1 300 mm，集水井处冻结孔终孔最大允许间距为 1 400 mm，超出最大允许间距的，可进行补孔或作延长冻结时间进行处理。

④ 待冻结管长度和偏斜合格后再进行打压试漏，压力控制在 0.8 MPa，前 15 min 压力损失小于 0.05 MPa，后 30 min 压力稳定无变化者为试压合格。试压不合格的，可拔出冻结管进行重新钻孔，或下套管进行处置。

### 6.2.7 冻结制冷系统

(1) 冻结站隧道布置

根据现场施工环境，拟将冻结站安装在区间隧道内靠近联络通道的位置，站内设备主要包括冷冻机组、盐水箱、盐水泵、清水泵、冷却塔及配电控制柜等。冻结站布置如图 6-38 所示。

图 6-38 冻结站布置图

(2) 设备安装、管路连接、保温

① 管路用法兰连接,隧道内的盐水管用管架敷设在隧道管片斜坡上,以免影响隧道通行。在盐水管路和冷却水循环管路上要设置阀门、测温仪和压力表等测试组件。盐水管路经试漏、清洗后用保温板保温,保温厚度为 50 mm,保温层的外面用塑料薄膜包扎。集配液圈与冻结管的连接用高压胶管,每组冻结管的进出口各装阀门一个,以便控制流量。

② 冷冻机组的蒸发器及低温管路用棉絮保温,盐水箱和盐水干管用 50 mm 厚的保温板或棉絮保温。

③ 通道两侧管片保温:由于混凝土和钢管片相对于土层散热要容易得多,为加强冻结帷幕与管片胶结,联络通道两侧管片表面铺设冷冻排管再用保温板保温,以减少冷量损失。

④ 将左右线钢管片格栅内用素混凝土填充密实,然后采用 PEF 保温板对冻结帷幕发展区域管片进行隔热保温。

(3) 积极冻结

① 设备安装完毕后进行调试和试运转。在试运转时,要随时调节压力、温度等各状态参数,使机组在有关工艺规程和设备要求的技术参数条件下运行。冻结系统运转正常后进入积极冻结。

② 此阶段为冻结帷幕的形成阶段,联络通道及废水泵房冻结时间为 40 d,要求冻结孔单孔流量不小于 5 $m^3/h$;积极冻结 7 d 盐水温度降至 −18 ℃以下,积极冻结 15 d 盐水温度降至 −24 ℃以下,去回路温差不大于 2 ℃;开挖前盐水温度降至 −28 ℃以下。如盐水温度和盐水流量达不到要求,应延长积极冻结时间。

(4) 维护冻结

① 在积极冻结过程中,要根据实测温度资料判断冻结帷幕是否交圈和达到设计厚度,同时要监测冻结帷幕与隧道的胶结情况,通过测温判断冻结帷幕交圈并达到设计厚度且与隧道完全胶结后,方可进入维护冻结阶段。

② 维护冻结期温度为 −28～−25 ℃,冻结时间贯穿联络通道和废水泵房开挖以及主体结构施工始终。

### 6.2.8 开挖施工准备

(1) 施工顺序及工艺流程

开挖和构筑施工的施工顺序及工艺流程如图 6-39 所示。

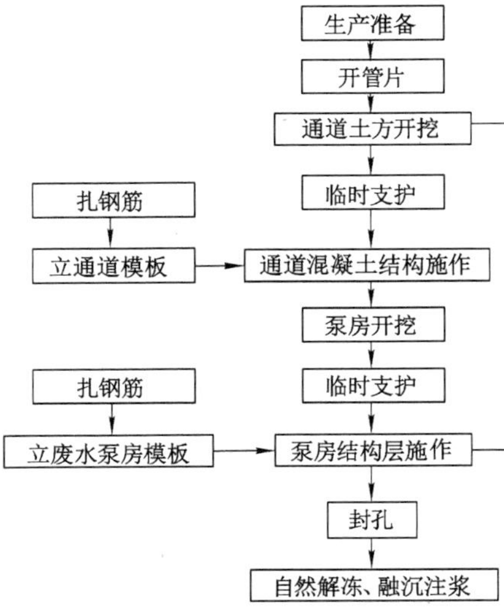


图 6-39　施工顺序及工艺流程

(2) 开挖准备

① 在隧道内搭设开挖平台，按联络通道出口尺寸及施工需要搭设，主要作为通道以运输材料、放置开挖设备及堆放材料等。

② 开挖验收之前，冻结 15～20 d 以内，在通道开口处隧道管片开口环中不开口部位均匀设置 8 个支撑点隧道支架(每个支撑点的支撑能力不小于 500 kN)，以减轻冻胀和联络通道开挖构筑施工对隧道产生的不利影响。根据结构施工要求，单个钢支架由 6 个预应力千斤顶、2 个固定支撑及支撑保护板等部分组成。

③ 安装方法：在区间隧道左、右线联络通道开口两侧各架 2 榀，共 4 榀，并在联络通道两端沿隧道方向对称布置，每榀支架有 8 个支点，由 6 个 50 t 螺旋式千斤顶提供预应力，施加预应力时每个千斤顶要同时慢慢平稳加压，每个千斤顶以压实支撑点为宜。

④ 安全应急门是安装在开挖侧隧道预留洞口上，并配备风量不小于 6 $m^3$/min 的空压机为防护门供气。安全门在开管片前安装，安装后进行耐压密封实验，保证安全门耐压合格(打压时不得超过 0.315 MPa，不停空压机时保持在 0.242 MPa 为合格)。安全应急盖板是在泵站开挖前进行安装，是防止开挖过程中发生位移变形超值，或冒泥、涌水，其他措施抢救无效的情况下，为确保隧道安全而使用的。

(3) 开挖条件

① 由测温孔实测数据推算的各个层位、部位冻结帷幕的厚度和平均温度必须达到设计要求。

② 泄压孔压力变化:冻结帷幕交圈后泄压孔压力将增长 0.15～0.3 MPa。

③ 盐水去、回路温差:交圈前盐水去回路温差一般为 2 ℃左右,交圈后一般为 1 ℃左右。

④ 探孔:在冻结帷幕薄弱处施工探孔,无砂、水涌出现象,地层稳定,测温效果良好。

⑤ 安装预应力支架及防护门。

⑥ 开挖验收之前租用 1 台 300 kV·A 发电机,并调试好以备用。

⑦ 召开冻结效果及开挖条件关键节点验收会,并通过验收。

根据以上几方面综合分析判断确定冻结帷幕交圈并达到设计厚度且与隧道完全胶结后即可进行开管片试挖。

(4) 开管片

① 加固土体强度达到设计要求及准备工作就绪后开挖构筑工作就可正式开始,探孔后即可开管片。开管片前,首先准备 2 台 5 t 千斤顶,5 t 和 2 t 的手拉葫芦各 1 个。

② 将 2 台千斤顶架在被开管片两侧,中间用一根型钢横梁同钢管片直接相连接,通过千斤顶顶推横梁向外顶推钢管片。操作时,要认真观察管片受力及位移情况,消除局部受阻因素,防止管片变形。5 t 的葫芦作为辅助拉拔管片用,一端挂住欲拆管片,另一端系在加工好的龙门架上,水平方向稍加力向外(隧道内)拉拔管片,要配合千斤顶操作。2 t 的葫芦悬吊在欲拆管片的上方,一端钩住欲拆管片,以防管片拉出时突然砸落在工作平台上。如图 6-40 所示。

### 6.2.9　开挖构筑施工

(1) 土方开挖

打开钢管片,然后采用矿山法进行暗挖施工。根据工程结构特点,开挖掘进采取分区分层方式进行。先施工通道部分,待通道结构施工完毕,强度达到 60%后,再进行泵房的开挖,其施工顺序如图 6-41 所示。

由于土体采用冻结法加固,冻土强度较高,冻结帷幕承载能力大,因而开挖时可以采用全断面一次开挖,通道、泵房开挖步距为 0.5 m。开挖断面超挖不大于 30 mm,开挖中心线偏差不大于 20 mm。

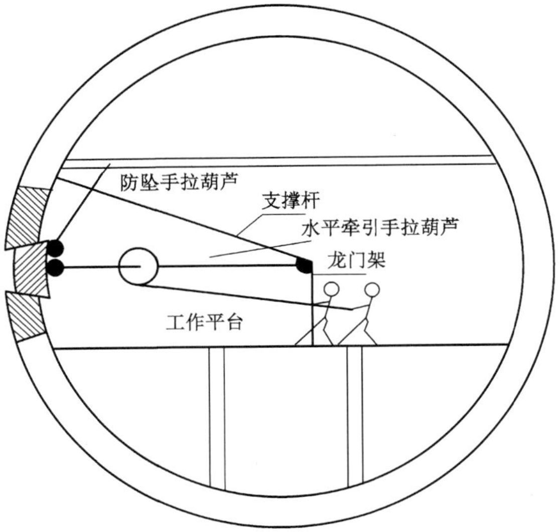


图 6-40　拉钢管片示意图

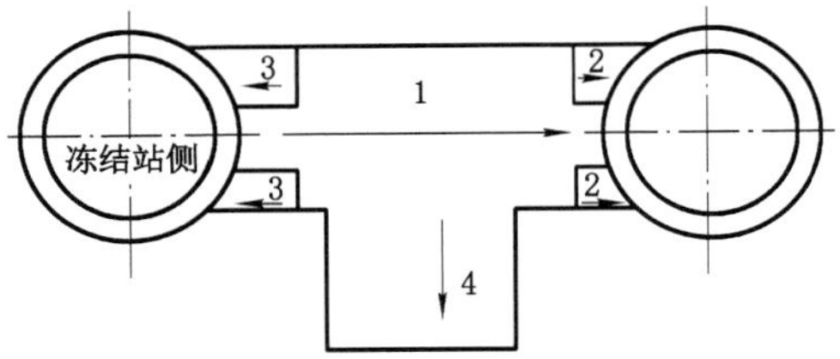


图 6-41　联络通道开挖顺序图

泵房开挖过程中将有部分冻结管被暴露，为确保安全，根据冻结孔布置图孔位布置特征，跟班技术员跟踪监测开挖面深度，当开挖面距离泵房内冻结管约 5～10 cm 时，关闭该组冻结管的去、回路阀门，等该组冻结管全部暴露后，再打开原先关闭的阀门，恢复冻结。等泵房临时支护层施工结束后，即可将泵房内暴露的冻结管割除，进行永久结构的施工。

另外，冻土强度高、韧性好，须采用风镐进行掘进。为了提高掘进效率，加快施工进度，缩短冻土暴露时间，风镐尖须做淬火处理。而且当掘进环境温度在 0 ℃以下时，输风管路及风镐中的冷凝水容易结冰，须进行除湿处理，一方面把风管悬吊起来；另一方面每隔 1～2 h 向风管内注入酒精，防止冰屑的出现。并要求每个掘进班配备 5～6 把风镐，以避免不能正常工作而影响施工进度。

在掘进施工中要根据揭露土体的加固效果及监控监测信息，及时调整开挖步距和支护强度，以确保安全施工。在开挖过程中，还要及时对暴露的冻结帷幕进行保温。

（2）初期支护

初期支护采用钢筋格栅支架外加喷射混凝土进行支护。支架间距为 0.5 m，为增加支架稳定性，相邻两排支架间用钢筋焊接相互连接。所有支架与冻土体之间的空隙用水泥砂浆充填严实。最后用喷混凝土机进行喷混凝土支护。

喷射前，在临时支护层中预埋注浆管，然后按照从下到上的顺序进行施工，分层进行喷射。施工时要正确地控制喷射机的工作风压和保证喷嘴料流的均匀性。喷射机处的工作风压应根据适宜的喷射速度而进行调整，若工作风压过高，即喷射速度过大，动能过大，使回弹增加；若工作风压过低，压实力小，影响混凝土强度，喷射机的料流要均匀一致，以保证速凝剂在混凝土中均匀分布。喷射完毕，要及时进行表面的修整，以方便防水层的施工。

（3）联络通道及废水泵房防水层施工

① PVC 防水板＋土工布施工

初期支护结构趋于基本稳定，并经隐蔽工程检查合格后方可铺设通道全断面防水层，先铺一层 400 $g/m^2$ 土工布，然后铺设一层 1.5 mm 厚 PVC 防水板。通道底板与边墙间的施工缝采用钢板止水带防水。先施工底部防水层，底部防水层做好后，铺设 50 mm 厚的细石混凝土保护层，后施工洞身防水层、联络通道防水层。在施工防水板之前要加强防水板外侧引、排水措施，防止侧壁渗水局部鼓包造成防水板破坏。防水层施工工艺流程图如图 6-42 所示。

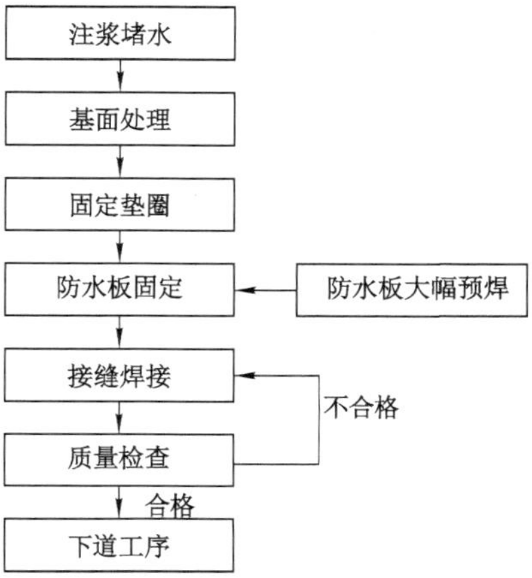


图 6-42　防水层施工工艺流程图

喷射混凝土基面处理：喷射混凝土表面粗糙、凹凸不平以及钢筋、铁丝头外露等对防水层质量有很大影响，为此，在喷射混凝土强度达到设计强度后，对喷射混凝土表面进行处理，处理过程中注意做好以下工作：

确保处理后混凝土面凹凸度 $D/L$ 不应大于 1/6；将基面钢筋及凸出的管件等尖锐突出物，从混凝土表面处割除，并在割除部位涂抹砂浆，将砂浆面抹成曲面；将通道断面变化处的角抹成 $R=10$ cm 圆弧；基面若有明水，进行引排或采取注浆等堵漏措施，确保基面干净，无松动和渗漏水现象。

土工布铺设：采用射钉配 HDPE 垫机械固定办法，拱顶射钉间距为 0.4 m，边墙部分间距为 1.0～1.2 m，梅花形排列。

拱顶部分的铺设：先在通道拱顶部弹出通道纵向中心墨线，再将已剪裁好的无纺布中心线与这一标志相重合，从拱顶开始向两侧下垂铺设。

边墙部位的铺设：顺通道纵向竖向下垂铺设。

底部的铺设：顺通道纵向铺设。

防水板铺设：拱顶部分的铺设，先在无纺布上用射钉布设热塑性塑料圆垫片，拱部圆垫片直径宜为 0.5～0.8 m、边墙宜为 1.0～1.5 m、底部宜为 1.5～2.0 m。在拱顶无纺布上弹出通道纵向中心墨线，使防水板的纵向中心线与墨线重合，先将拱顶的防水板与塑料圆垫片热熔焊接，再从拱顶开始向两侧下垂铺设，边铺边与垫片热熔焊接，并注意钉与钉之间的防水板不要拉得太紧。

防水板环向铺设时，先拱后墙，下部防水板应压住上部防水板，防水板全部铺设完后施作二次衬砌，并设临时挡板防止机械损伤和电火花灼伤防水板。

防水板固定方法如图 6-43 所示。

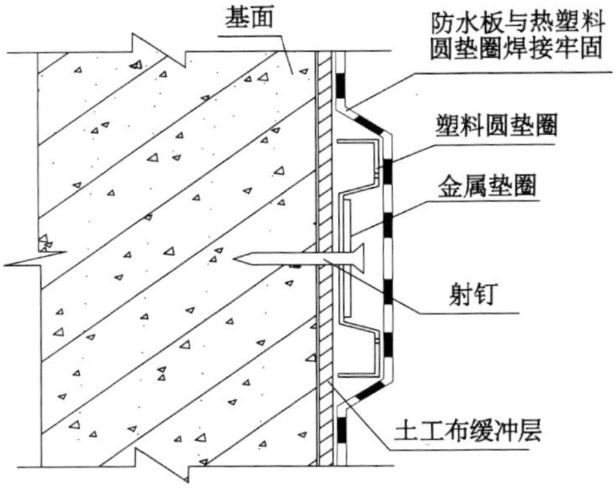


图 6-43　防水板固定示意图

防水板收口、搭接以及热熔施工：防水板接缝焊接是防水施工最重要的工艺之一，焊缝采用 ZPR-210 型爬行热合机双缝焊接，即将两层防水板的边缘搭接，通过热熔加压而有效连接。防水板搭接宽度短边不小于 150 mm，长边不小于 100 mm，焊缝有效宽度不小于 10 mm。焊样形式如图 6-44 所示。

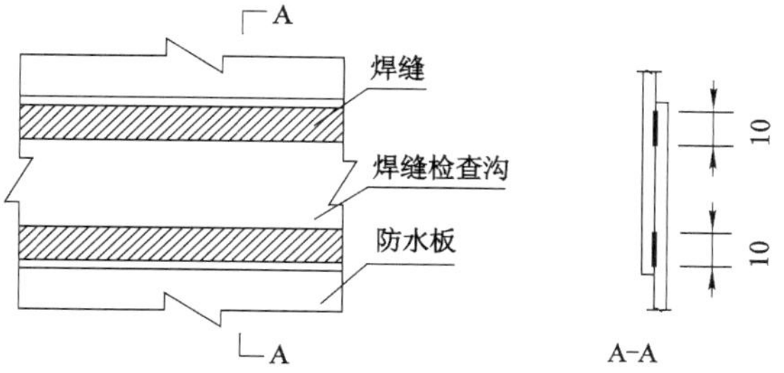


图 6-44　防水板搭接双焊缝平面图

竖向焊缝与横向焊缝呈十字相交时（十字形焊缝），在焊接第二条缝前，先将第一条焊缝外的多余边削去，将台阶修理成斜面并熔平，修整长度大于 12 mm，以确保焊接质量和焊机顺利通过。十字交叉焊样图如图 6-45 所示。

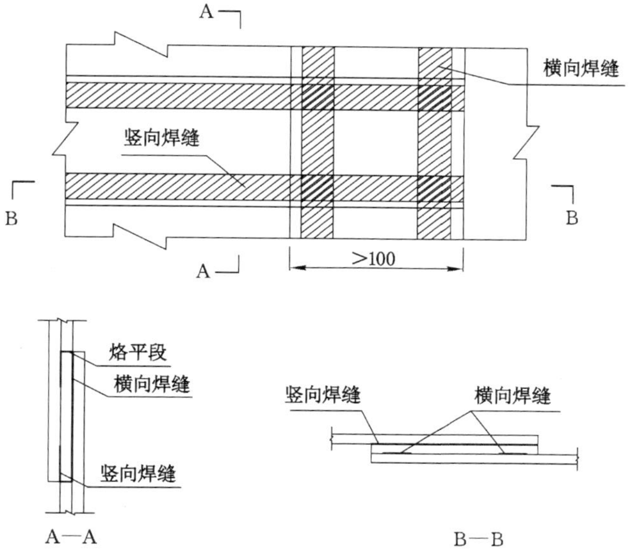


图 6-45　十字交叉焊样图

防水层的接头处应擦拭干净，去除表面油污灰尘，以保证焊接质量。在结构立面与平面的转角处，防水板接缝留在平面，距转角的距离不小于 600 mm。

防水层的保护:防水层做好后,及时浇筑防水混凝土;混凝土振捣时,振捣棒不得直接接触防水层,以免破坏防水层,由振捣棒引起的防水层破坏不易被发现,也无法修补,故二次衬砌模筑混凝土施工时应特别注意,严禁紧贴防水板捣固;如需进行钢筋焊接时,必须在此周围用石棉板遮挡隔离,以免溅出火花烧坏防水层,焊接作业完成后,石棉板待钢筋冷却后再进行撤除;防水层进行其他作业时不得破坏防水层;混凝土输送管设弯头,以降低对防水板的冲击;不得穿带钉子的鞋在防水层上走动。

② 施工缝防水施工

联络通道共设置2道水平施工缝,一道为废水泵房底板上30 cm高侧墙处,另一道为联络通道底板上30 cm高侧墙处;设置2道环向施工缝。水平施工缝中设镀锌止水钢板,施工方法为:一期混凝土浇筑时,在水平施工缝处预埋3 mm厚的镀锌止水钢板,止水钢板(止水带)安放在模筑混凝土厚度的中心位置,止水钢板(止水带)埋入混凝土里的深度为其宽度的一半;在二期混凝土施工前,在先浇段混凝土表面刷一层水泥基渗透结晶型防水涂料加强防水;混凝土振捣过程中必须严格按工艺操作,快插慢拔,布点均匀,防止漏振,振捣棒端头距施工缝应在30～50 cm,防止过近破坏止水带,过远漏振使浆液不能到达接缝处,产生露骨。水平施工缝防水示意图如图6-46所示。

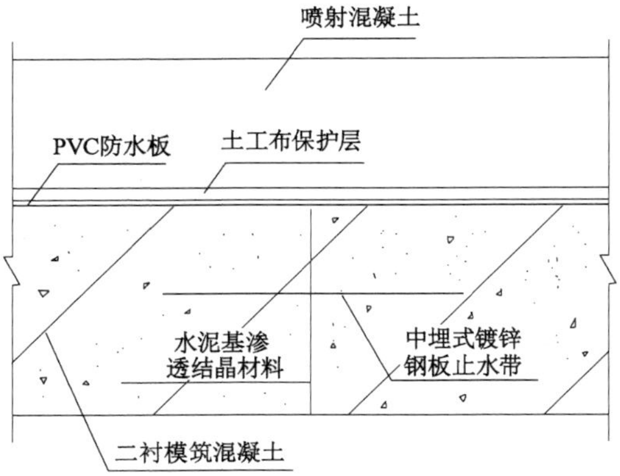


图6-46　水平施工缝防水示意图

(4) 钢筋绑扎及模板施工

钢筋间排距应严格按结构设计图纸进行绑扎,钢筋搭接部分长度应符合设计要求,且不低于35$d$($d$为钢筋直径),受力钢筋之间绑扎接头应相互错开;从任一绑扎接头中心至搭接长度的1.3倍区段范围内,有绑扎接头的受力钢筋截面积占受力钢筋总面积的百分率不超过 25%；在结构混凝土与钢管片接触部位应按规定焊接锚筋，纵筋与钢管片搭接处应采用“L”字形焊接。

模板施工根据结构尺寸定制钢模板，立模采用 16# 工字钢制作的碹骨作为模板支撑，碹骨立设于已浇底板混凝土面上，碹骨底脚处加型钢横撑，以防浇混凝土时侧墙内移，碹骨脚底加垫一层厚 20 mm 的木板防止骨腿下沉。碹骨按中腰线安设并做到牢固可靠。模板就位前，应在模板上均匀涂刷脱模剂，按结构特征顺序安装模板，即先安设两侧墙模板，浇完后再从一端向另一端安齐顶模。检查模板的垂直度、水平度、标高以及钢筋保护层的厚度，校正合格后，将模板固定。模板加工示意图如图 6-47 所示，模板加工材料表如表 6-4 所示。

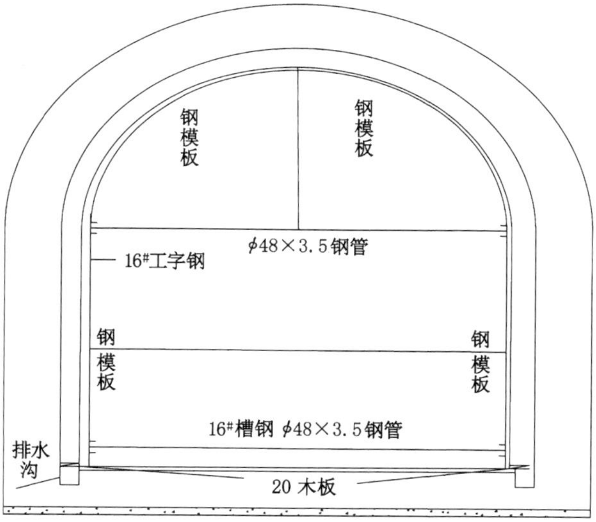


图 6-47　模板加工示意图

**表 6-4　模板加工材料表**

| 编号 | 模板部位名称 | 型号 | 用途 | 备注 |
|---|---|---|---|---|
| 1 | 拱顶/侧墙模板 | 3.5 mm 钢板 | 制作模板 | |
| 2 | 碹骨 | 16# 工字钢 | 加固 | |
| 3 | 角钢 | 50 mm×50 mm | 制作模板 | |
| 3 | 横撑 | 16# 槽钢 | 加固 | |
| 4 | 模板支撑 | 48 mm×3.5 mm 钢管 | 加固 | |
| 5 | 木板 | 20 mm | 防止骨腿下沉 | |

(5) 浇灌混凝土

结构层混凝土选用商品防水混凝土，混凝土强度、抗渗等级按设计要求。因隧道内长距离运输和结构浇筑时间长，可在混凝土内加入一定量的缓凝剂。混凝土由安装在工作井处的溜灰管输入到隧道口的手推车或翻斗车内，然后运至工作面，优先选用翻斗车运输，以缩短运输时间，防止混凝土离析和硬化。

用小型输送泵将混凝土送入支好的钢模内并用插入式振捣棒反复均匀振捣。搅拌的混凝土用试模制成标准试块，现场用于检测混凝土强度及抗渗性。

通道顶板内的混凝土浇筑采用分段浇筑的施工方式，采用小型输送泵浇筑混凝土，采用外部振捣（即用附着式振动器振捣），以提高工作效率，确保砌筑质量。

施工过程如图 6-48～图 6-50 所示。

图 6-48 钢筋绑扎过程图

图 6-49 模板支护施工过程

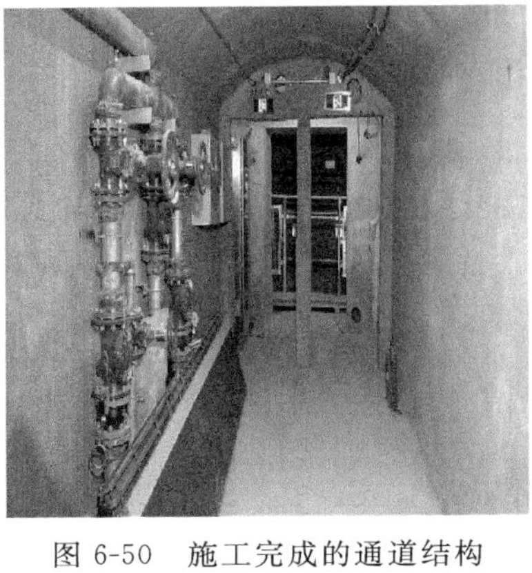

图 6-50 施工完成的通道结构

### 6.2.10　充填注浆和融沉注浆

（1）充填注浆

开挖施工中衬砌和土层之间的接触不密实，会导致地面沉降，可对不密实范围内的土体采取充填注浆，以控制沉降量。

在停止冻结后 3～7 d 内，结构混凝土强度达到设计强度 60％以上时开始注浆，直到充填注浆到拱顶结束。注浆材料为单液浆，重量配比为水：水泥＝1：（0.8～1）。注浆压力不超过 2 倍的静水压力，具体要根据隧道变形和地面变形监测情况做适当调整。注浆前，将待注浆的注浆管和其相邻的注浆管阀门全部打开，注浆过程中，当相邻孔连续出浆时关闭邻孔阀门，定量压入单液浆后即可停止本孔注浆，关闭阀门，然后接着对邻孔注浆。遇到注浆管内因窜浆固结而引起堵管时，需用加长冲击钻头通管。

（2）融沉注浆

融沉注浆应在充填注浆完成后，根据监测反馈的信息（其沉降报警值设定为－30～＋10 mm），迅速组织注浆，并依此控制注浆量。采用在冻结帷幕两侧同时注浆的方式，将整个冻结区域全部进行压密注浆。注浆以少量多次为原则，反复注浆，直至达到控制要求。当连续一个月每半个月地面沉降量保持在 0.5 mm 以内，可以停止融沉补偿注浆。

## 6.3　广州地铁 2 号线南浦站至洛溪站区间冻结法施工

### 6.3.1　工程概况

广州地铁 2 号线南浦站至洛溪站区间长度为 920 m，联络通道设置在里程 YDK6＋829.561 处，该处经挖槽探管证实两隧道之间上方无管线通过，上方中心为花坛。联络通道埋深约为 16 m，结构高 4.25 m，宽 3.8 m，长 6.54 m。联络通道采用矿山法施工，结构形式为初期支护＋二次衬砌。

联络通道结构如图 6-51 所示。

原方案对联络通道范围地层采用 $\phi$800@600 双管旋喷桩加固，相邻排错位布置，加固在 2008 年 12 月中旬完成。考虑到加固地层地下水流动性较强且位于砂层，如果加固效果不理想，在矿山法施工过程中一旦出现漏水涌砂通道，则有可能淹没隧道，为了保险起见，拟先开挖联络通道，后切割隧道管片，即地层加固后，在地面两隧道之间先施工一竖井（直径为 2.5 m 的钢护筒）至

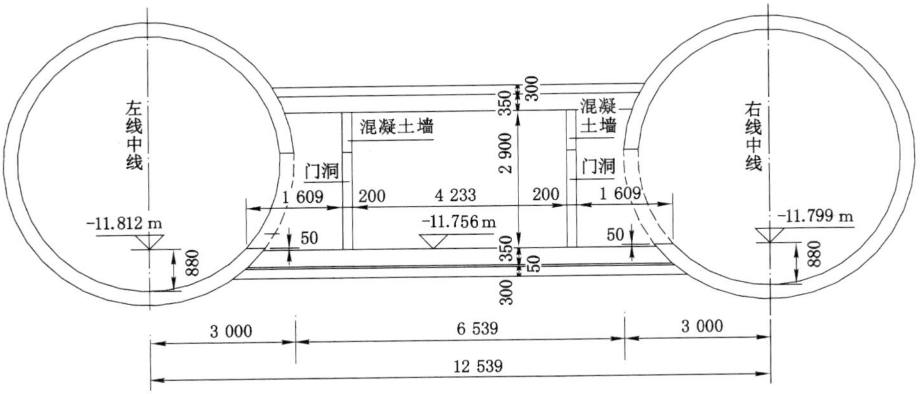


图 6-51　联络通道结构图

联络通道位置，然后再使用矿山法开挖联络通道，在联络通道初次衬砌完成后，最后切割管片连通隧道并施工二次衬砌。

通道竖井于 2009 年 3 月 27 日开始施工，2009 年 4 月 27 日挖至地面以下 16 m 时出现粉细砂层。2009 年 4 月 28 日开始在竖井内进行 WSS 注浆加固，加固范围为竖井及通道外扩 3 m。2009 年 5 月 9 日加固完成，共打注浆孔 18 个。注浆用水泥 60 t，水玻璃 58 t，外加剂 10 t。注浆完成后开始打探孔，经观察所打探孔无水和砂冒出，说明具备开挖条件。2009 年 5 月 10 日继续开挖，2009 年 5 月 13 日挖至地面以下 18 m 处时竖井底一个直径为 2 in(1 in＝2.54 cm)的小孔出现涌砂，涌砂至 16 m 时停止。

2009 年 5 月 20 日第二次加固完成，共打注浆孔 23 个。注浆用水泥 70 t，水玻璃 65 t，外加剂 8 t。注浆完成后开始打探孔 6 个，竖井 2 个，沿护筒周边向外 4 个。经观察所打探孔均无水和砂冒出，说明具备开挖条件。2009 年 5 月 22 日继续开挖，挖至地面以下 18.5 m 处时再一次出现涌砂，涌砂至 17 m 时停止。

2009 年 5 月 22 日分析原因，注浆完成后停工 26 d，没能及时开挖，广州雨季因降水量大，地下水充足导致 WSS 注浆浆液吸水饱和，多出的水分带动粉细砂使通道内压力增大，失去止水效应，出现流砂。

2009 年 5 月 23 日开始在左线洞内进行 WSS 注浆加固，2009 年 5 月 31 日完成，此次加固用水泥 130 t，水玻璃 95 t，外加剂 15 t。注浆范围为通道开挖范围外扩 3 m，距离右线隧道 1 m，后因故通道停止施工。2009 年 6 月 26

日开工，开工当天中午在侧墙位置的 2 个注浆孔出现流砂，2 h 后封堵完成，此次涌砂量约为 15 $m^3$。原有的每个注浆孔都出现流水现象。

在联络通道施工过程中对地面及隧道进行了全程监控，旋喷桩加固施工时周边地表有隆起，在开挖至砂层并涌砂过程中路面未发生沉降，隧道在第二次注浆期间因注浆压力影响有偏移，左线水平最大位移为 4.6 cm，垂直位移为 2.4 cm；右线水平最大位移为 4.9 cm，垂直位移为 2.9 cm。

本次隧道漏砂后发现地面最大沉降为 4.8 cm，隧道未发现位移。

对方案进行编制的总体思路如下：

(1) 冻结加固具有较高的封水可靠性，经济合理，且有众多成功经验，该联络通道适用于冻结法加固施工。

(2) 为了最大限度地减小施工风险，同时也为了保证工期进度，考虑采用甲方的施工开挖方式，即从竖井(直径为 2.5 m 的钢护筒)开挖至联络通道位置(竖井作为施工通道)，然后再使用矿山法开挖联络通道，最后切割管片连通隧道并施工永久结构。

(3) 冻结法施工联络通道的工艺已非常成熟，本工程的关键是钢护筒与土层的胶结，它将直接影响工程的成败。因钢护筒相对于地层传热较快，故在施工中应加强对其的保温，当开挖至联络通道位置时，将钢护筒内的冻结管割至与钢护筒平齐，接上固定在钢护筒表面的环行钢管并进行低温盐水循环，补偿钢护筒的冷量损失。

(4) 加强施工过程中的监测(包括环境和温度监测)。

南浦站至洛溪站联络通道顶部埋深为 15.7 m，底部埋深为 19.8 m，穿越地层主要为＜3-1＞粉细砂层。联络通道上方是：＜3-1＞粉细砂层、＜2-2＞、＜2-1A＞淤泥及＜1＞杂填土等地层；下方是：＜4-1＞淤泥质土、＜5-2＞硬塑黏土、＜6＞全风化红岩、＜7＞强风化红岩等；洞身上覆土层为＜3-1＞粉细砂层；下卧土层为＜4-1＞淤泥质土、＜3-1＞粉细砂层，剖面图如图 6-52 所示。

勘察报告显示，联络通道地层及隧道上覆地层均为透水地层，渗透系数分别为＜3-1＞粉细砂层 2.5 m/d，＜2-2＞淤泥质细中砂层 1.8 m/d。由于地层渗透性强，又距离江边较近，联络通道位置地下水与三枝香水道有直接水力联系。

### 6.3.2　方案设计技术要点

由于联络通道所处地层复杂，所以工程施工风险较大。在施工中必须采取切实可靠的技术措施，以确保联络通道施工的安全并保证施工工期。根据

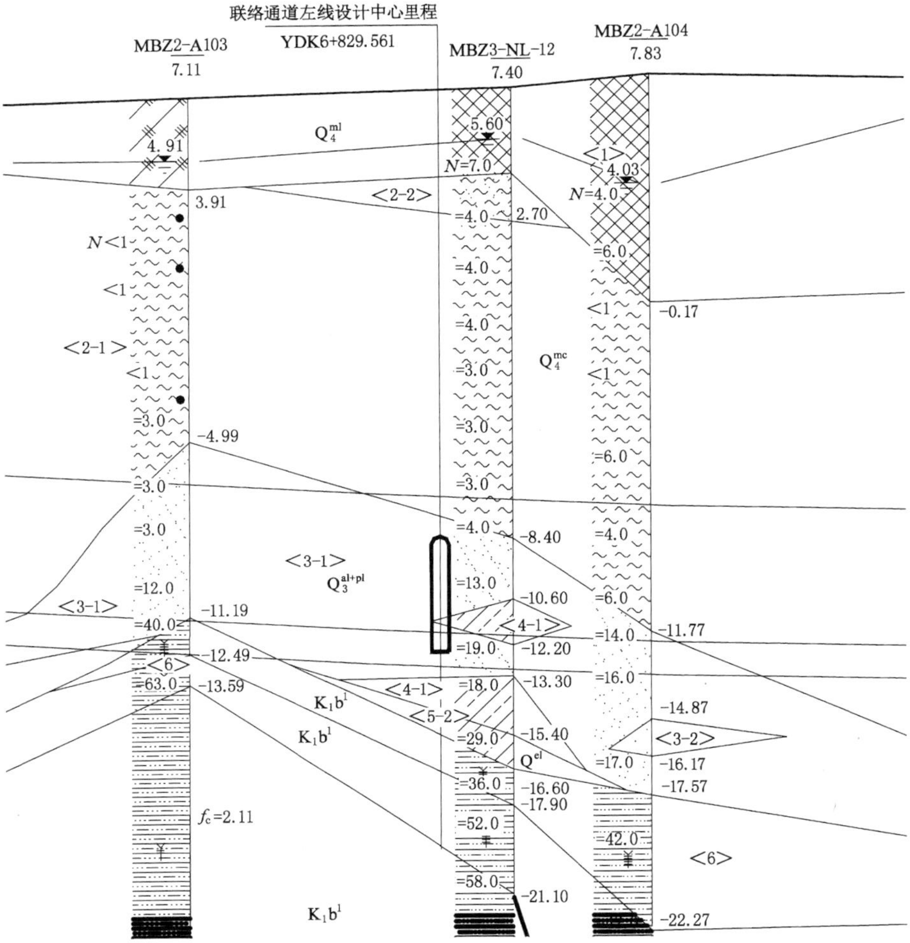


图 6-52　南浦站至洛溪站右线联络通道位置地质剖面图(单位:m)

施工联络通道经验,提出以下技术要点:

(1) 根据以往联络通道冻结孔施工的成功经验,用金刚石取芯钻开孔,跟管钻进法下冻结管。每个钻孔设有孔口管,并安装钻孔密封装置,以防钻进时大量水、砂涌出。

(2) 针对施工冻结孔时可能产生冒泥涌水现象,采用强力水平钻机,尽量实现无泥浆钻进。如发现钻孔泥水流失,及时进行补浆充填。

(3) 由于混凝土和钢管片相对于土层散热要容易得多,会影响隧道管片附近土层的冻结速度,从而影响冻结帷幕的整体稳定性和封水性。所有的钢管片的格栅要用混凝土充填密实,同时管片外面采用 PEF 板隔热保温,以减少冷量损失。在冻结帷幕与管片胶结处放置测温点,以加强对冻结帷幕与管片胶结状况的检测。

(4) 加强对冻结过程的检测。在冻结帷幕内布置测温孔,以便正确判断冻结帷幕是否交圈和测定冻结帷幕厚度。对侧隧道管片附近土层的冻结情况将成为控制整个联络通道冻结帷幕安全的关键,为此,在对侧隧道管片上沿冻结帷幕四周布置测温孔,以全面监测冻结帷幕的形成过程。

(5) 在联络通道两端布设卸压孔,以减小土层冻胀对隧道的影响。可利用管片上的注浆孔来卸压,该孔亦可作为冻结帷幕压力变化的观测孔。

(6) 联络通道开挖前在隧道内设预应力支架,以防隧道变形和破坏。施工完联络通道临时支护层后再拉开隧道联络通道的预留钢管片。在联络通道衬砌中预埋注浆管,采用注浆方式以补偿土层融沉。注浆应配合冻结帷幕融化过程进行,注浆材料以单液浆为主。

(7) 在开挖过程中必须及时对冻结帷幕变形和温度进行观测,如遇冻结帷幕有明显变形,立即用钢支架加木背板支撑,调整开挖构筑工艺,并同时加强冻结。

(8) 由于冻胀力和冻土融沉的作用,影响周围土层的力系平衡,使隧道产生水平位移和沉降,故在整个施工过程中,加强对隧道变形的监测,确保隧道安全。在冻结帷幕关键部位,多布置测温孔,监测冻结帷幕的形成过程和形成状况。

### 6.3.3　冻结方案设计

(1) 冻结设计参数

冻结加固设计的参数如表 6-5 所示。

**表 6-5　冻结施工参数一览表**

| 序号 | 参数名称 | 单位 | 数量 | 备注 |
|---|---|---|---|---|
| 1 | 冻结帷幕设计厚度 | m | 3 | |
| 2 | 冻结帷幕平均温度 | ℃ | −10 | |
| 3 | 冻结孔个数 | 个 | 64 | |
| 4 | 测温孔个数 | 个 | 6 | |

表 6-5(续)

| 序号 | 参数名称 | 单位 | 数量 | 备注 |
|---|---|---|---|---|
| 5 | 卸压孔数 | 个 | 4 | |
| 6 | 冻结孔总长度 | m | 363 | |
| 7 | 冻结孔最大允许间距 | m | 1.3 | |
| 8 | 冻结孔最大偏斜 | % | 1 | |
| 8 | 冻结孔单孔流量 | $m^3/h$ | >5 | |
| 9 | 冻结管规格 | mm | $\phi89\times8$ | 20# 低碳钢无缝管 |
| 10 | 测温管及卸压管规格 | mm | $\phi32\times3.5$ | 20# 低碳钢无缝管 |
| 11 | 设计盐水温度 | ℃ | −30～−28 | 积极冻结期 |
| | | | −28～−25 | 维护冻结期 |
| 12 | 最大总需冷量 | kcal/h | $3.66\times10^4$ | |

冻土强度的设计指标为：单轴抗压 3.6 MPa，抗折 2.0 MPa，抗剪 1.5 MPa(−10 ℃)；开挖区外围冻结孔布置圈上冻结壁与隧道管片交界面处温度不高于−5 ℃，其部位设计平均温度为−10 ℃。

(2) 冻结孔、测温孔、卸压孔布置

① 冻结孔布置

联络通道冻结孔的布置采取从两侧隧道打孔方式进行。冻结孔按上仰、水平、下俯三种角度布置，共布置冻结孔 64 个，其中设置 4 个穿透孔。

② 测温孔布置

联络通道测温孔布置 6 个，上行线布设 4 个，下行线布设 2 个，主要目的是监测冻结帷幕范围不同部位的温度发展状况，以便综合采用相应控制措施，确保施工的安全。

测温管选用 $\phi32$ mm×4 mm 无缝钢管；测温管长度为每个 2～6 m；管前端焊接密封，管内不得渗水。

③ 卸压孔布置

在冻结帷幕封闭区域内布置 4 个卸压孔，上行线、下行线各 2 个。在卸压孔上安装压力表，可以很直观地监测冻结帷幕内的压力变化情况，通过每日观测及时判断冻结帷幕的形成，并可直接释放冻胀压力。

卸压管选用 $\phi32$ mm×3.5 mm 无缝钢管；卸压管长度为每个 2～3 m；管前端开口，进入土体段钻孔呈梅花状，以确保冻结帷幕内的压力有效传递。

(3) 制冷系统设计

① 积极冻结期盐水温度为 $-30 \sim -28$ ℃，维护冻结期温度为 $-28 \sim -25$ ℃。

② 积极冻结时间为 40 d，维护冻结时间为 30 d（实际为从开挖开始至主体结构施工结束）。

③ 冻结孔单孔流量不小于 5 $m^3/h$。

④ 需冷量计算和冷冻机选型。

$$Q = 1.2\pi dhq$$

式中　$h$——冻结总长度 m；

$d$——冻结管直径；

$q$——冻结管散热系数；

计算得出需冷量为 $3.66 \times 10^4$ kcal/h。按照设计要求，选用 W-YSLGF300Ⅱ型螺杆机组 2 台套，其中 1 台运转，1 台备用。单台机组设计工况制冷量为 $8.75 \times 10^4$ kcal/h，电机功率为 110 kW，完全满足联络通道的制冷需求。

### 6.3.4　冻结加固施工

（1）准备工作

① 设备吊运

钻孔设备、冷冻设备、材料等采用 25 t 吊车从工作井吊到车站平台，再用盐水干管将盐水输送到联络通道工作面。

② 管线铺设

从地面的变电箱处接电缆至冷冻站位置，从地面接施工用水管路至冷冻站位置。

（2）冻结孔施工

① 冻结孔施工顺序

先施工透孔，根据穿透孔的偏差，进一步调整有关的钻进参数。然后根据联络通道施工的孔位，采用由上向下的顺序进行施工，这样可防止因下层冻结孔的施工引起上部地层扰动，减小钻孔施工时的事故发生率。

② 冻结孔的定位

依据施工基准点，按冻结孔施工图进行冻结孔孔位放线，孔位布置首先要依据管片配筋图和钢管片加强筋的位置，在避开主筋、管缝、螺栓及钢管片肋板的前提下可适当调整，但定位偏差不得大于 100 mm。

③ 冻结孔开孔及孔口密封装置

开孔选用 J-200 型金刚石钻机，配 $\phi$130 mm 金刚石取芯钻头进行钻孔，深度约为 300 mm，控制不得钻穿管片。用钢楔楔断岩芯，取出后，打入加工好的孔口管，并用至少 3 个固定点固定在管片上，然后安装孔口密封装置。冻结孔开孔及钻孔示意图如图 6-53 所示。

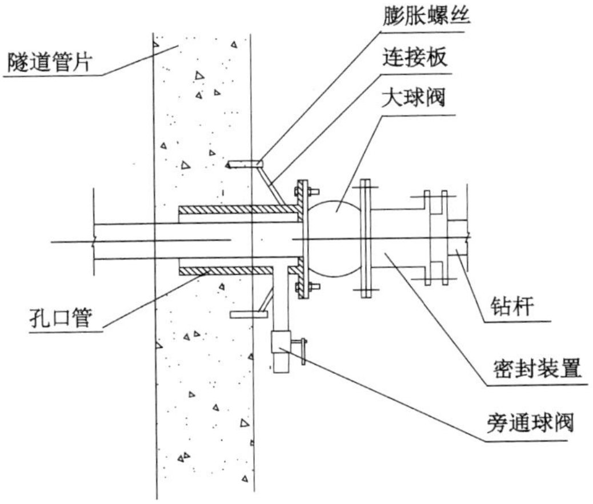


图 6-53　冻结孔开孔及钻孔示意图

④ 冻结孔钻进与冻结管设置

钻孔设备使用 MD-50 钻机 1 台，配用 BW250 型泥浆泵，钻具利用 $\phi$89 mm×8 mm 冻结管作为钻杆；冻结管之间采用套管丝扣连接，接头螺纹紧固后再用手工电弧焊焊接，确保其同心度和焊接强度；每个冻结孔钻进前，先根据各孔的具体参数调整钻机，调整好后，将冻结管慢慢挺进已安装好的密封装置内，拧紧密封装置的螺栓，再将孔口管上的大球阀打开。利用安装在冻结管上的取芯钻头将剩下的管片钻通，取芯后换上一般钻头再进行正常钻进；正常钻进时，采用现场加工的简易钻头，优先采用无水钻进，这样可以减少水土的流失，对控制地面和隧道的沉降十分有利。如果钻进困难时，在钻头部位安装一个特制单向阀门，采用带水钻进。冻结管到达设计深度后冲洗单向阀，并密封冻结管端部。在钻进过程中，如发生水土流失，可根据每日的监测情况，及时通过安装在孔口管部位的旁通阀对土体进行补压浆，以单液浆为主，以控制钻孔对周边环境的影响。钻进过程中严格监测孔偏斜情况，发现偏斜要及时纠偏，下好冻结管后，进行冻结管长度的复测，然后再用灯光测斜仪进行测斜并绘制钻孔偏斜图。

(3) 冷冻站安装

将冻结站设置在隧道内，由盐水干管将盐水输送到联络通道位置。站内设备主要包括冷冻机组、盐水箱、盐水泵、清水泵、冷却塔及配电控制柜等。设备安装按设备使用说明书的要求进行。

(4) 管路连接、保温

管路用法兰连接，隧道内的盐水管用管架敷设在隧道管片斜坡上，以免影响隧道通行。在盐水管路和冷却水循环管路上要设置阀门、测温仪和压力表等测试组件。盐水管路经试漏、清洗后用保温板或棉絮保温，保温厚度为 50 mm，保温层的外面用塑料薄膜包扎。集配液圈与冻结管的连接用高压胶管，每组冻结管的进出口处各装阀门一个，以便控制流量。

冷冻机组的蒸发器及低温管路用棉絮保温，盐水箱和盐水干管用 50 mm 厚的保温板或棉絮保温。

联络通道两侧管片保温：由于混凝土和钢管片相对于土层散热要容易得多，为加强冻结帷幕与管片胶结，在联络通道右侧管片表面加冷冻排管，在两侧管片表面采取保温措施，以减少冷量损失。

拉开联络通道预留管片后(通风)，会在钢护筒处带走大量冷量，因此在开挖到钢护筒被冻结管打穿处时，割除冻结管，接上环形冷冻排管，并贴上 PEF 保温板加强保温效果。

将钢管片格栅内用素混凝土填充密实，然后采用 PEF 保温板对冻结帷幕发展区域管片进行隔热保温。

(5) 积极冻结与维护冻结

此阶段为冻结帷幕的形成阶段，积极冻结期盐水温度为 $-30\sim-28$ ℃，设计冻结时间为 40 d，要求冻结孔单孔流量不小于 5 $m^3/h$；积极冻结 7 d 盐水温度降至 $-18$ ℃以下，积极冻结 15 d 盐水温度降至 $-28$ ℃以下，去回路温差不大于 2 ℃；开挖时盐水温度保持在 $-28$ ℃。如盐水温度和盐水流量达不到设计要求，应延长积极冻结时间。

在积极冻结过程中，要根据实测温度资料判断冻结帷幕是否交圈和达到设计厚度，同时要监测冻结帷幕与隧道的胶结情况，测温判断冻结帷幕交圈并达到设计厚度且与隧道完全胶结后，方可进入维护冻结阶段。

维护冻结期温度应保持在 $-28$ ℃，冻结时间贯穿联络通道开挖和主体结构施工始终。

### 6.3.5　开挖施工准备

(1) 维护冻结技术指标

要确定打开管片进行开挖还需结合测温孔资料、卸压孔压力、探孔情况等方面综合考虑，须具备表 6-6 所列条件方可开挖。

**表 6-6 开挖冻结参数表**

| 项目 | | 数值 | 备注 |
|---|---|---|---|
| 冻结帷幕平均温度 | | −10 ℃ | 用成冰公式法计算 |
| 盐水温度 | 积极期 | −30～−28 ℃ | 用测温仪监测 |
| | 维护期 | −28 ℃以上 | |
| 盐水去回路温差（包括各支路） | 积极期 | 2 ℃以内 | 冻结至设计温度时 |
| | 维护期 | 1.0 ℃以内 | |
| 卸压孔 | 交圈前 | 静水压力 | 通过压力表观测 |
| | 交圈后 | 剧增至 0.15～0.3 MPa | |

(2) 四通

① 水通：将水管接送至施工场地，每侧供水量为 10 $m^3/h$；排水，从联络通道到地铁车站区间利用排水管路，水泵设在联络通道口附近，形成排水系统。

② 电通：从冻结施工用电处取电，不低于 50 kW 供电量。

③ 路通：道路能允许 5～10 t 卡车进出施工场地。在基坑内安装载重为 1 t 的货运提升井架，供井上、井下垂直运输用。工作井与联络通道之间采用手推车或翻斗车做水平运输用。

④ 信息通：井上、井下通信联系使用内部专用电话及安装远程视频监控系统。

(3) 隧道内工作平台搭设

按联络通道出口尺寸及施工需要，工作平台由上下两层平台和一斜坡道构成。

在联络通道开口处的隧道支撑架底梁上表面搭设中间工作平台，主要作通道材料运输手推车换向之用，面积约为 4 m×15 m=60 $m^2$。平台梁可用长 4.5 m、间距 2 m 的槽钢，直接搭在混凝土管片上，台面用 50 mm 厚木板铺盖而成。

在联络通道运输侧，搭设斜坡道与中间平台相连接，斜坡道高端宽约 3 m，坡长约 18 m，坡度以方便手推车运输为原则，可以适当调整。

(4) 抢险物资的堆放

为了应付冻结孔施工及开挖构筑过程中可能出现的突发情况，施工现场须堆放一定数量的抢险物资：应急沙包 5 $m^3$，水泥 3 t，$\phi$125 mm、$\phi$109 mm 等规格的木楔麻丝，木板 3 $m^3$，以保证联络通道施工的安全。应急抢险物资应堆放有序，并设立醒目的标识牌，抢险物资应专项专用，不得随便挪用，并设有专人看护、保管，定期检查。

(5) 钢管片接缝焊接

将联络通道开口部的钢管片之间(欲拉开的管片除外)环向及纵向接缝采用满焊的方式将每条拼装缝一一焊接好，提高其整体稳定性，以控制隧道管片变形。

注意事项：

① 焊接前应首先对拼装缝进行除锈除垢处理，避免虚焊。

② 焊接时，划分区域，采取对称方式焊接，以防止应力集中，引起钢管片变形。

③ 焊接材料选 E4303 型结构钢焊条，用手工电弧焊焊接。

(6) 预应力支架安装

开挖施工之前，在通道开口处隧道管片开口环中不开口部位均匀设置 8 个支撑点隧道支架(支撑点的支撑能力不小于 500 kN/点)，以减轻联络通道开挖构筑施工对隧道产生的不利影响。根据结构施工图要求，单个钢支架由 6 个预应力千斤顶、2 个固定支撑点及支撑保护板等部分组成。

安装方法：在区间隧道上、下行线联络通道开口两侧各架 2 榀，共 4 榀，并在联络通道两端沿隧道方向对称布置，每榀支架有 8 个支点，由 6 个 50 t 螺旋式千斤顶提供预应力，施加预应力时每个千斤顶要同时慢慢平稳加压，每个千斤顶以压实支撑点为宜。

### 6.3.6　开挖构筑施工

(1) 土方开挖

经探孔确认可以正式开挖后，采用矿山法进行暗挖施工，如图 6-54、图 6-55 所示。

由于土体采用冻结法加固，冻土强度较高，冻结帷幕承载能力大，因而开挖时(除喇叭口处侧墙和拱顶外)可以采用全断面一次开挖，开挖步距为 0.5 m 左右。开挖断面超挖不大于 30 mm，开挖中心线偏差不大于 20 mm。另外，冻土强度高、韧性好，须采用风镐进行掘进。为了提高掘进效率，加快施工进度，缩短冻土暴露时间，风镐尖须做淬火处理。而且掘进环境温度在 0 ℃以下，输风管路及风镐中的冷凝水容易结冰，须进行除湿处理，把风管悬吊起

图 6-54　联络通道开挖施工

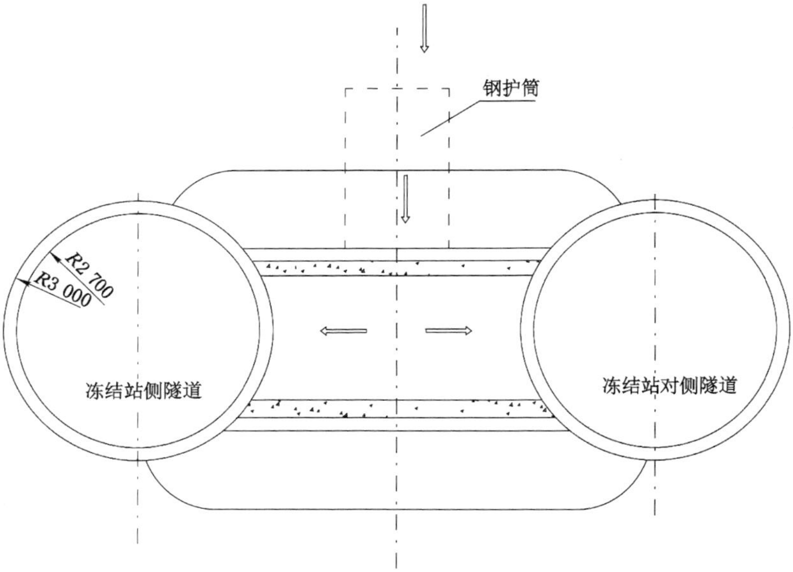


图 6-55　联络通道开挖顺序图

来，另外每隔 1～2 h 向风管内注入酒精，防止冰屑的出现。并要求每个掘进班配备 5～6 把风镐，以避免不能正常工作时而影响施工进度。

在掘进施工中要根据揭露土体的加固效果以及监控监测信息，及时调整开挖步距和支护强度，确保安全施工。在开挖过程中，还要及时对暴露的冻结帷幕进行保温。

开挖的土方由提升机运至地面指定的堆放处，再集中运出场地。

（2）临时支护

支护采用两次支护方式。第一次支护（临时支护）采用钢支架加木背板和喷射混凝土，第二次支护（永久支护）采用现浇钢筋混凝土。

① 临时支架的安装

临时支护采用木背板和型钢支架外加喷射混凝土进行支护。喇叭口支架间距为0.3 m或0.4 m，通道支架间距为0.43 m。为增加支架的稳定性，相邻两排支架间用$\phi$12@500钢筋焊接连接。所有支架与冻土体间用木板背实背紧，少量空隙用水泥砂浆充填严实，如图6-56所示。

图6-56　安装钢格栅

② 喷射混凝土工艺流程

流程如下：各种材料（不含水）按照设计配比要求进行干拌和→拌和好的松散混凝土直接喂入喷射机料斗→由空压机提供的压缩空气裹携物料通过输料管送到喷头处→在此处加入水与物料混合→在风压作用下喷射到受喷面上。

③ 喷射混凝土材料要求

骨料粒径：为体现喷射混凝土的综合经济指标，采用骨料粒径不易过大，一般控制在15 mm以内。砂选用中粗砂，模度系数大于2.5，必要时用5 mm筛网过筛。石子粒径为5～15 mm，必要时用5 mm和15 mm筛网分别过筛。材料配比为水泥∶沙∶石子＝1∶2∶2，初期按本配比进行试验，再根据试验进行调整。

速凝剂：采用液体速凝剂或粉状速凝剂，初凝时间不大于5 min，终凝时间不大于10 min，28 d强度保持率大于85%。速凝剂的掺量要严格控制，液体速凝剂为3%～4%，粉状速凝剂为3%～5%。使用液体速凝剂时须加速凝剂定量输送单元。

④ 混凝土喷射

根据结构要求特点，按照从下到上的顺序进行施工，分层进行喷射。

施工时要正确地控制喷射机的工作风压和保证喷嘴料流的均匀性。喷射机处的工作风压应根据适宜的喷射速度而进行调整，若工作风压过高，即喷射速度过大，动能过大，使回弹增加；若工作风压过低，压实力小，影响混凝土强度，喷射机的料流要均匀一致，以保证速凝剂在混凝土中均匀分布。

喷射完毕，要及时进行表面的修整，以方便防水层的施工。

⑤ 注意事项

开挖及支架架设应按中腰线严格控制，防止支架偏移；在开挖和临时支护过程中，布设通道收敛变形测点（详见监测部分），及时掌握冻结帷幕位移发展速度，通过调整开挖步距和支护强度来控制冻结帷幕的位移量，确保施工安全和施工进度；喷射混凝土前，在临时支护层中预埋注浆管，注浆管选用 $\phi$50 mm 的焊接管，顶端接管箍，并用丝堵封闭；保持良好的通风，管片上应预留通风口，钢护筒位置喷混凝土时应保持物料及人员的上下通畅，可留至永久结构时一起施作。

(3) 开管片

在施工必需的准备工作做好后，根据冻结探孔情况，可先拆除一片钢管片，观测工作面情况，认为可行后，拆除剩余钢管片。具体方法如下：开管片时，准备 2 台 32 t 千斤顶，5 t、10 t 和 2 t 的手拉葫芦各 1 个。2 台千斤顶架在被开管片两侧，中间用 1 根横梁同钢管片直接相连，通过顶推横梁向外推拉钢管片，5 t、10 t 手拉葫芦作为主拉拔管片用，一端钩住欲拆管片，一端套挂在对面隧道管片上，水平方向加力向外(隧道内)拉拔管片。2 t 手拉葫芦悬吊在欲拆管片上方管片上，一端钩住欲拆管片，以防管片拉出时突然砸落在工作平台上。拆除顺序如图 6-57 所示(先拉一号，接着拉二、三、四号，待通道贯通后再拉五、六号)。

在用千斤顶及 5 t 手拉葫芦拉拔期间要注意观察管片外移情况，并随时注意调整 2 t 手拉葫芦拉紧程度和方向。因管片锈蚀而拉出困难时，应用大锤锤振管片，减轻拔出应力。

(4) 遇水膨胀橡胶条及注浆管施工

钢管片与支护层和结构层的接缝处设置兜绕成环的遇水膨胀橡胶条和预埋注浆管。喇叭口部位全部刷扩至设计尺寸，临时支护完成后，即可进行橡胶条施工。遇水膨胀橡胶条用黏结剂沿着临时支护断面内侧直接黏到隧道管片

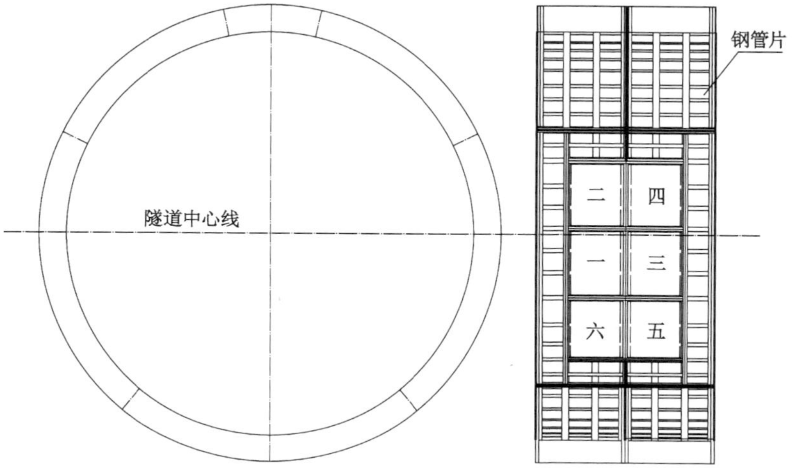


图 6-57 建议管片拆除顺序

上。黏结前必须对管片进行清洗，止水带一定要黏牢，不能留有空隙。

遇水膨胀橡胶条固定好后，再在管片上安装环绕成圈的注浆管，采用金属件固定，注浆口引出结构层外，注浆管搭接长度不小于 200 mm。

(5) 防水板施工

铺设防水板前必须对初期支护表面找平，拱墙补喷找平，底部砂浆找平，对外部的钢筋接头切除、磨平。

防水板铺设由拱顶开始，然后沿侧墙下翻与由底板铺设上翻的防水板相接，构成一封闭防水层。防水板的施工须保持连续与完整且表面无破损情况。先铺设一层无纺布缓冲层，然后铺设防水板，再铺设一层无纺布保护层。缓冲层以机械固定方法固定于支护层上，保护层以点黏法热熔固定。

防水板接缝搭接长度应为 100 mm，焊接宽度为不小于 50 mm。

(6) 永久支护

永久支护为现浇钢筋混凝土结构。为减少混凝土施工接缝，联络通道开挖及临时支护完成后，一次连续进行浇筑。由于这种结构的特殊性，通道顶板内的混凝土浇筑较为困难，为提高混凝土施工质量，采取分段浇筑的施工方式，必要时可采用喷浆机对浇筑空隙进行充填。

① 钢筋绑扎

钢筋间排距应严格按结构设计图纸进行绑扎，钢筋搭接部分长度应符合设计要求，且不低于 $35d$（$d$ 为钢筋直径），受力钢筋之间绑扎接头应相互错开；从任一绑扎接头中心至搭接长度的 1.3 倍区段范围内，有绑扎接头的受力钢筋截面积占受力钢筋总面积的百分率不超过 25%；在结构混凝土与钢管片接触部位应按规定焊接锚筋，且纵筋与钢管片搭接处应采用丁字形焊接。

② 立模板

根据结构尺寸定制钢模板，立模采用 16# 槽钢制作的碹骨作为模板支撑，碹骨间距为 900～1 200 mm，碹骨立设于已浇底板混凝土面上，碹骨底脚处加型钢横撑，以防浇混凝土时侧墙内移，碹骨脚底加垫一层厚 20 mm 的木板防止骨腿下沉。碹骨按中腰线安设并做到牢固可靠。模板就位前，应在模板上均匀涂刷脱模剂，按结构特征顺序安装模板，即先安设两侧墙模板，浇完后再从一端向另一端安齐顶模。检查模板的垂直度、水平度、标高以及钢筋保护层的厚度，校正合格后，将模板固定。

③ 浇筑混凝土

结构层混凝土选用商品防水混凝土，要求混凝土强度等级为 C30，抗渗等级为 S8。因隧道内长距离运输和结构浇筑时间长，可在混凝土内加入一定量的缓凝剂。混凝土由安装在工作井处的溜灰管输送到隧道口的手推车或翻斗车内，然后运至工作面，优先选用翻斗车运输，缩短运输时间，防止混凝土离析和硬化。

用人工法将混凝土送入支好的钢模内并用插入式振捣棒反复均匀振捣。搅拌的混凝土用试模制成标准试块，现场用于检测混凝土强度及抗渗性。

通道顶板内的混凝土采用分段浇筑的施工方式，必要时用气动输送泵输送混凝土，采用外部振捣(即用附着式振动器振捣)，以提高工作效率，确保砌筑质量。

注意事项：混凝土浇筑尽量连续进行，如因特殊原因不能连续浇筑时，在接茬部位应凿成毛面，确保混凝土黏结性；施工缝止水选用止水钢板或橡胶止水条。在墙部浇筑时，墙基应用木板制成斜坡，确保混凝土基础与通道成一整体结构。混凝土结构强度达到设计强度 70%时方可拆模。混凝土采用斜向振捣，即振捣棒与混凝土表面成 40°～45°角，振捣要求做到“快插慢拔”。混凝土分层浇筑时，每层混凝土厚度不超过振捣棒长度的 1.5 倍。在振上分层时，应插入下层混凝土中 50 mm 左右，且在下层混凝土初凝之前进行。振捣时布点均匀，振捣程度以下面四条标准控制：不出现气泡、混凝土不下沉、表面泛浆、表面形成水面。

(7) 收尾工作

① 通道地面用1∶2水泥砂浆找平。

② 冻结管口用钢板进行封堵。

③ 浇筑钢管片内格腔混凝土，外露钢构件表面均涂厚浆型环氧漆2度。

④ 拆除隧道内钢支架，再次拧紧特殊衬砌环内所有连接螺栓。

⑤ 待联络通道混凝土强度达到设计强度的60%以上时回填钢护筒至地面。

### 6.3.7 壁后注浆

联络通道隧道底部和喇叭口处利用管片注浆孔，必要时再利用钻机在管片上开孔，增加布设注浆孔；预埋管选用$\phi$40 mm的焊接管，顶端接带螺纹的管箍，并用丝堵封闭 。

(1) 充填注浆

充填注浆的目的：一是防止冻结壁局部解冻透水后衬砌后间隙导水而增加衬砌透水的可能性；二是通道拱顶混凝土不容易浇筑密实，及时充填注浆有利于补强衬砌并减小冻结壁解冻过程中的变形。

① 注浆孔布置：采用在结构中预埋的注浆孔进行压浆，必要时可以利用管片上原有注浆孔进行补充注浆。

② 注浆时间：在停止冻结后3～7 d内，结构混凝土强度达到设计强度60%以上时开始注浆，直到充填注浆至拱顶结束。

③ 注浆材料：浆液为单液浆，重量配比为水∶水泥＝1∶(0.8～1)。

④ 注浆压力：通道部位注浆压力不得大于静水压力，集水井部位注浆压力不得大于0.1 MPa。

⑤ 注浆顺序：注浆按由下而上的顺序进行，当上一层注浆孔连续返浆后即可停止下一层注浆，直到注至拱顶结束。

注意事项：在注入水泥浆前应先注入清水，检查各注浆孔之间衬砌后间隙是否畅通。

(2) 融沉注浆

① 注浆原则：融沉注浆应在充填注浆完成后，根据监测反馈的信息(其沉降报警值设定为－30～10 mm)，迅速组织注浆，并依此控制注浆量。采用在冻结帷幕两侧同时注浆的方式，将整个冻结区域全部进行压密注浆。注浆以少量多次为原则，反复注浆，直至达到控制要求。

② 注浆材料：浆液为单液浆，重量配比为水∶水泥＝1∶1。

③ 注浆时间：充填注浆结束后进行融沉补偿注浆。1 d地层沉降大于

0.5 mm，或累计地层沉降大于 3 mm 时应进行融沉补偿注浆；地层隆起达到 3 mm 时应暂停注浆。

④ 注浆顺序：根据监测的反馈信息，及时安装每个注浆循环，每个注浆循环按由下而上的顺序进行，先注深层，后注浅层，由下而上。

⑤ 注浆压力：注浆压力一般控制在 0.3～0.5 MPa。

⑥ 浅层注浆孔注浆方法：单孔一次注浆量控制在约 0.5 $m^3$。注浆前，将待注浆的注浆管和其相邻的注浆管阀门全部打开，注浆过程中，当相邻孔连续出浆时关闭邻孔阀门，定量压入惰性浆后即可停止本孔注浆，关闭阀门，然后接着对邻孔注浆。遇到注浆管内窜浆固结而引起堵管时，需用加长冲击钻头钻通。

⑦ 深层注浆孔注浆方法：将注浆芯管下到设定的注浆深度后，开泵注 5 min，注浆量为 40 L，注浆管向上提 200 mm，再注浆 40 L，注浆管再向上提 200 mm。注浆管每提高 1 m，注浆量为 200 L。单孔双液注浆结束后，用惰性浆液封孔，以便复用。

(3) 对注浆施工过程的监测

控制地面的沉降变形是注浆的目的。因此，解冻过程中，要加强对地面变形、冻土温度、冻结壁后水土压力的监测。另外，注浆施工过程中，浆液的压力可以通过在相邻注浆孔安装压力表来反映。以上综合监测数据是注浆参数调整的依据。

(4) 融沉注浆结束标准

融沉注浆的结束是以地面变形稳定为依据。冻结壁已全部融化，且在不注浆的情况下实测地层沉降持续一个月每天不大于 0.2 mm 时，即可停止融沉补偿注浆。

## 6.4 广州地铁 6 号线文化公园站隧道修复冻结工程

### 6.4.1 工程概况

事故前，折返线左线竖井以南开挖初期支护已完成，竖井以北双联拱隧道左洞开挖、初期支护及二次衬砌已全部完成；左线竖井以北双联拱右洞 LG1、LG2 断面开挖及初期支护已完成，正在施工 LG3 断面。折返线右线隧道开挖、初期支护已全部完成，并完成 A、B 断面二次衬砌；右线竖井以北开挖初期支护已完成。联络通道开挖、初期支护已完成。

折返线隧道平面布置图如图 6-58 所示。

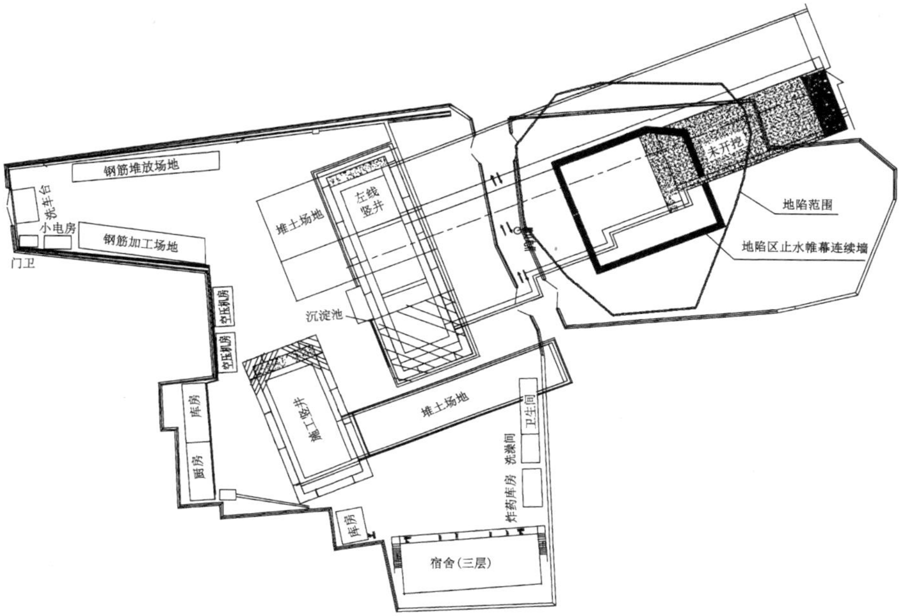


图 6-58　折返线隧道平面及场地布置图

事故发生后，先后对隧道上方地陷区及竖井采用混凝土及砂石料进行了回填，对地陷区地面进行了填充，对已完工隧道内进行水泥浆回填，在折返线隧道与 8 号线负四层车站接口设置洞门封堵等抢险措施。

### 6.4.2　工程及水文地质

（1）工程地质

根据提供的勘察资料及事故后进一步勘探揭示，本施工范围内的土层主要由如下地层组成：杂填土＜1＞、混凝土＜1-1＞、淤泥质土＜2-1B＞、淤泥质粉细砂＜2-2＞、粉细砂＜3-1＞、混凝土＜1-1＞、粉质黏土＜5-2＞、泥质粉砂岩＜6＞、细砂岩＜7＞、粉砂岩＜8＞。

发生地陷后，受地下水、珠江水系的影响，坍塌的土体涌往已施工的隧道内，形成坍塌“漏斗”。塌陷区域地质复杂，隧道上部地层含有大量建筑垃圾、生活垃圾等，以及事故发生后抢险过程中回填的混凝土、加固的水泥浆液。

经过勘探，在塌陷中心位置从下至隧道范围内有大量的回填土和混凝土充填物，如图 6-59、图 6-60 所示。

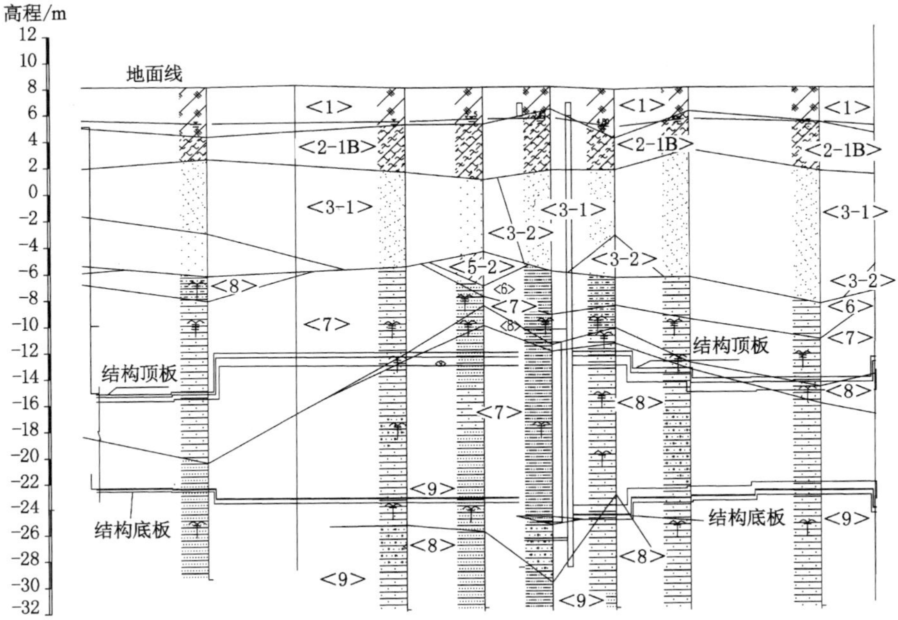


图 6-59　施工范围内地层分布图

(2) 原施工地质情况

工程场地地貌形态为珠江三角洲冲积平原地貌，微地貌单元为河流冲积阶地，靠近珠江边为人工围垦地，场地地面标高基本介于 7.50～8.25 m。

原施工范围内的土层主要有＜1＞人工填土层、＜2-1B＞淤泥质土层、＜3-1＞粉细砂层、＜3-2＞中粗砂层、＜5-2＞残积硬塑状粉质黏土层、＜6＞砂岩或泥质粉砂岩全风化带、＜7＞砂岩或泥质粉砂岩强风化带、＜8＞砂岩或泥质粉砂岩中风化带、＜9＞砂岩或泥质粉砂岩微风化带。

(3) 地陷区连续墙入岩深度

根据修复设计总方案，在地陷区 LG3 断面隧道上部做了一圈止水帷幕连续墙。在连续墙施工期间，对每个槽段进行了超前地质钻探。由钻探结果可知，连续墙入岩深度除西侧 C1、C2 槽段入 7 号岩层较浅(1.5～1.8 m)外，其余连续墙入岩深度均超过 5 m。从连续墙超前地质探孔来看，西侧连续墙 C1、C2 槽段底部岩层稍有破坏。

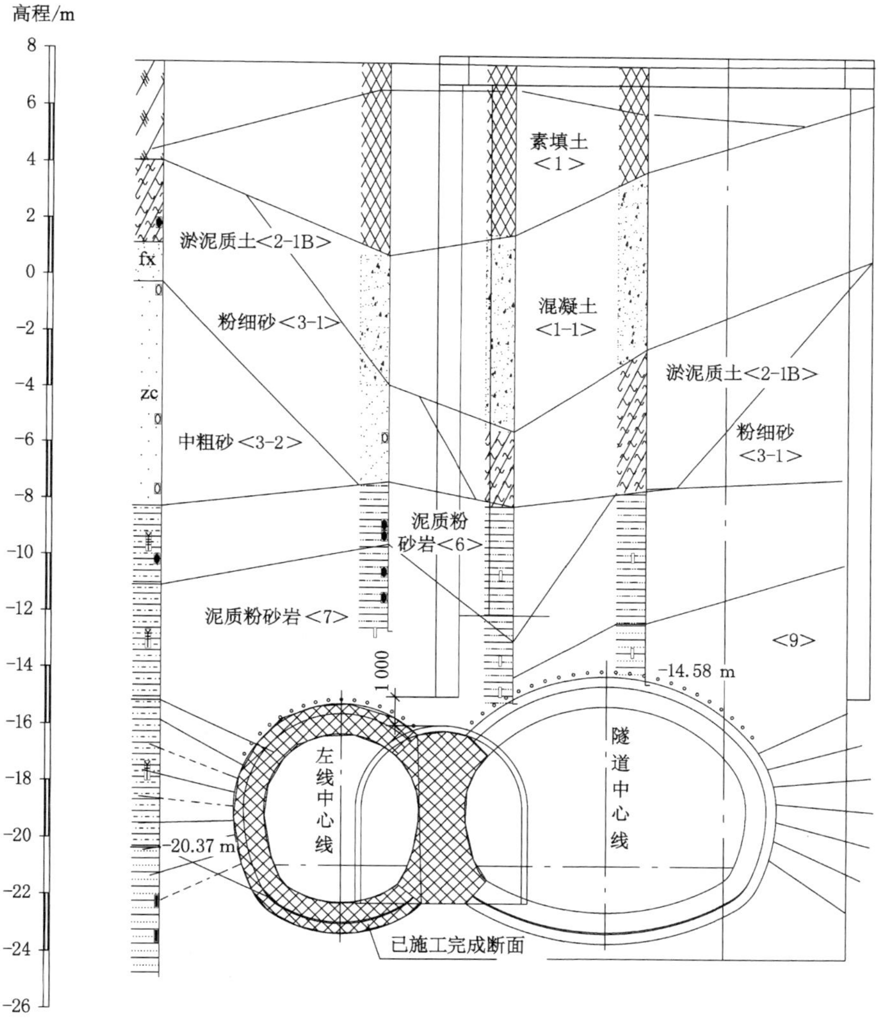


图 6-60　施工范围内地层分布图

### 6.4.3　工程主要特点分析

(1) 工程特点分析

根据本工程资料分析，本隧道采用暗挖法恢复施工，采取在塌陷区周边施工连续墙以控制施工过程中可能对周边环境的进一步影响。因配线已施工隧道内充填满泥水和其他杂物，结构复杂而松散，含水量高，如在竖井内抽水和清理隧道内回填物时，受施工面与外围的水力联系不一定隔绝和隧道内充填物不可能自稳两个因素的影响，施工将可能变得很困难，必须对土体进行注浆改良加固，以保证施工安全。因考虑地陷区域注浆改良土体强度效果较差，拟对塌陷区域采用冻结法加固作用来达到稳定土体强度、封水的目的。工程具体特点如下：

① 本修复工程施工风险大。一是水蛇村下方左右线隧道初期支护水中浸泡时间太长，隧道二次衬砌尚未完成，目前初期支护完好情况尚不明确，修复施工风险大；二是地陷区地质差、回填成分复杂，修复施工风险大。

② 施工过程中不确定因素多。原状地层扰动情况不确定、结构损坏程度不确定、塌方体填充状态不确定、冻结时长不确定等。

③ 降水速率控制要求严。水蛇村下面的隧道二次衬砌尚未施作，降水速率控制不严，很可能造成围岩的失稳，存在较大风险。

④ 根据本修复工程的工期安排，冻结周期长，需要长期对冻结过程进行实时有效控制。

⑤ 地陷区存在有液化气罐，在开挖过程中有较大风险。

(2) 工程的重、难点

① 水蛇村地面建筑物的保护是本工程的重点也是难点。

左右竖井至车站间的 E(E′)断面隧道二次衬砌还未施作，由于在水中长期浸泡，初期支护受损情况不明，因此对此部分隧道清理和二次衬砌施工过程中，如何保护好地面上的建筑物是本工程的一大难点。

② 隧道开挖、修复过程中，双联拱隧道塌陷位置施工也是本工程的重点，开挖前冻结的效果和持续冻结控制、开挖修复的方法都会对隧道内安全及周边环境产生很大影响，需在过程中严格控制、加强监测和跟踪。

③ 坍陷过程中可能落入隧道内的液化气罐也是本工程施工的一个很大安全隐患。双联拱段开挖修复过程中，需要按照瓦斯隧道施工方法进行施工。

④ 实时监测控制为本修复工程的重中之重。

(3) 施工风险分析

① 冻结孔施工前由于注浆土体改良施工，塌陷区域内地层结构复杂，有房子、混凝土等，易造成钻孔困难和成孔易偏斜现象，成孔偏斜过大对冻结帷幕有一定影响，易造成帷幕交圈慢、帷幕不均匀、存在薄弱带、冻结时间延长等问题。

② 隧道开挖过程中，土体坍塌为工程中的最大风险点，会对隧道结构及

周边环境影响较大，须严格监测、跟踪、控制。

③ 因冻结土体必须在持续供冷的情况下才能维持冻结帷幕的稳定，一旦发生停电、停水及冻结设备的故障时，冻结站将不能正常运行，会造成冻结帷幕的融化、有效厚度减小、温度上升而强度降低，甚至发生薄弱环节漏水等危险。

④ 因前期坍塌时，坍塌范围内有残留物（煤气罐），对冻结孔施工及对周围环境有较大影响，故须对煤气罐位置进行确认，必要时对冻结孔孔位进行调整。

### 6.4.4　整体布置及总体方案

（1）修复施工总体概述

折返线隧道修复总体方案设计为暗挖修复法。地陷区双联拱隧道开挖、修复前的加固方案采用冻结法。

因地陷中心区 LG3 断面区域地质复杂，为减少修复过程中对周边地面及建筑物的影响，在双联拱隧道上方地陷区周围设置一圈止水帷幕（采用地下连续墙）将塌陷范围包围起来，待止水帷幕完成后对帷幕范围内地层采用冻结法加固。冻结加固后再进行竖井开挖清理和隧道修复。

（2）方案设计原则

① 冻结帷幕技术性能必须满足开挖施工的安全和质量要求；

② 冻结方案应符合现场实际条件的施工可行性和良好的可操作性；

③ 施工方案应在满足工程要求工期的条件下具备优化能力；

④ 施工方案及措施必须满足城市环保及节能要求；

⑤ 减少冻胀与融沉的危害。

（3）总体方案

根据工程基本情况，确定采用“垂直局部冻结加固”的施工方案，即在塌陷区域内利用垂直冻结孔局部冻结加固地层，使塌陷区域内土体冻结成强度高和不透水的板块，为开挖塌陷区域提供条件。经过积极冻结后，通过测温孔观测计算，确定冻结满足开挖条件后方可开挖，以保证施工安全。

### 6.4.5　冻结方案设计

（1）冻结帷幕及厚度设计

根据工程地质概况，确定冻结帷幕长度为 14.7 m，宽度为 13.0 m。冻结加固厚度为联拱向上不小于 5 m，其中地陷核心区加固厚度不小于 13 m。冻结孔从地面到隧道顶或进入中风化土层，采取局部冻结，如图 6-61～图 6-64 所示。

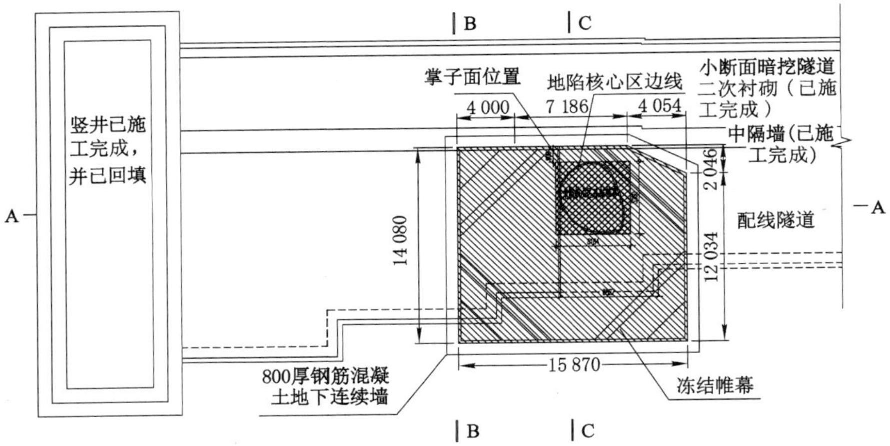


图 6-61　冻结帷幕的施工范围

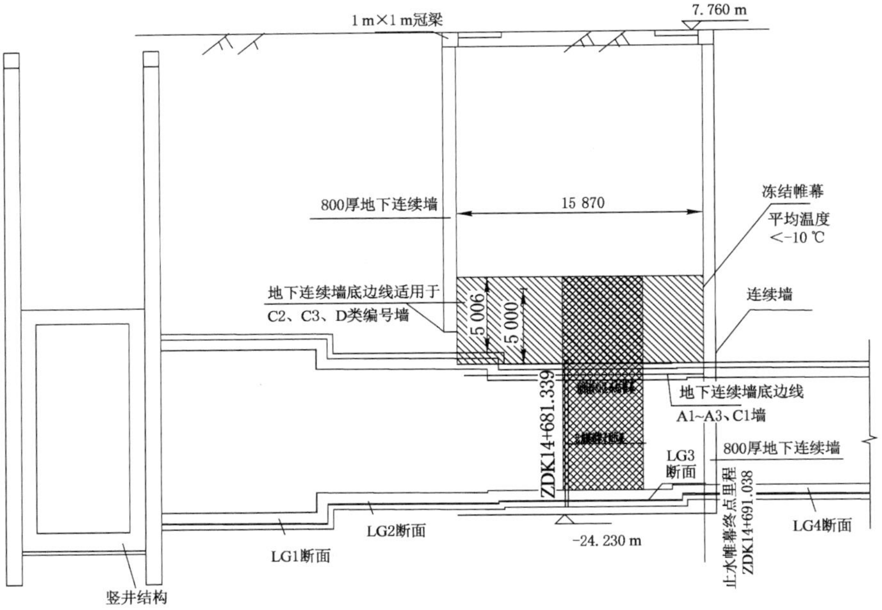


图 6-62　冻结范围的侧视图(A—A 断面)

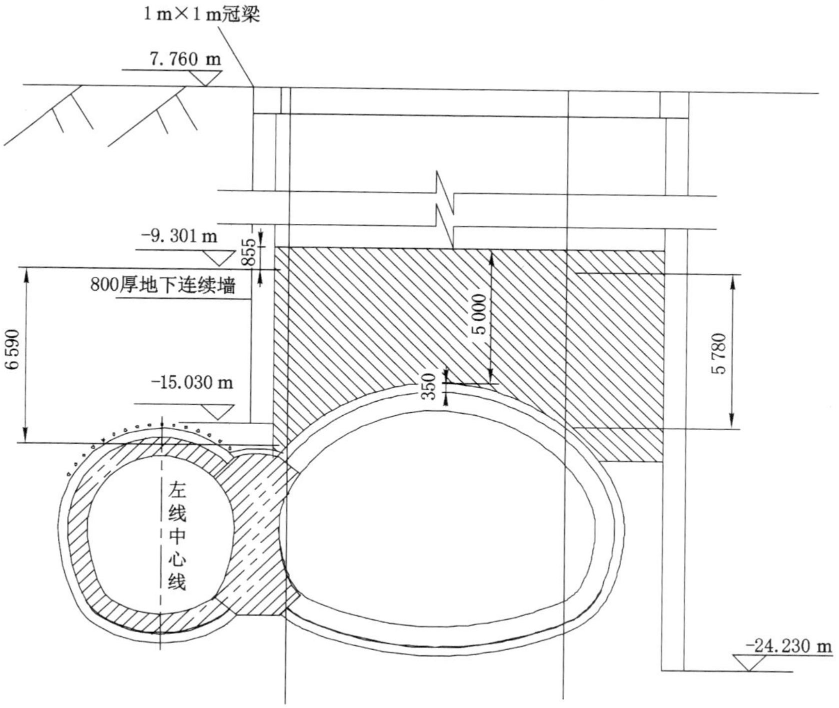


图 6-63　冻结帷幕断面图(B—B 断面)

为了保证冻结壁强度，结合群孔冻结的特点，冻结壁平均温度约为－10 ℃。

(2) 冻结孔、测温孔的布置

① 冻结孔布置

冻结孔布置在塌陷区域范围内，因考虑外侧散热及地下连续墙水化散热等因素，外围孔间距为 1.05 m，内部孔间距为 1.7 m，其中地陷核心区外围孔间距为 1.05 m，内部孔间距为 1.9 m，共计布置冻结孔 125 个，每个冻结孔长度为 23～30 m 不等，总长度约为 3 049 m。冻结孔管材选用 $\phi$133 mm×4.5 mm 的 20# 低碳钢无缝钢管。冻结孔布置示意图如图 6-65～图 6-69 所示。

② 测温孔布置

布置 7 个测温孔，每个测温孔长度为 23～30 m 不等，总长度约为 300 m。根据钻孔的偏斜情况确定测温孔的位置，目的主要是测量冻结帷幕范围不同

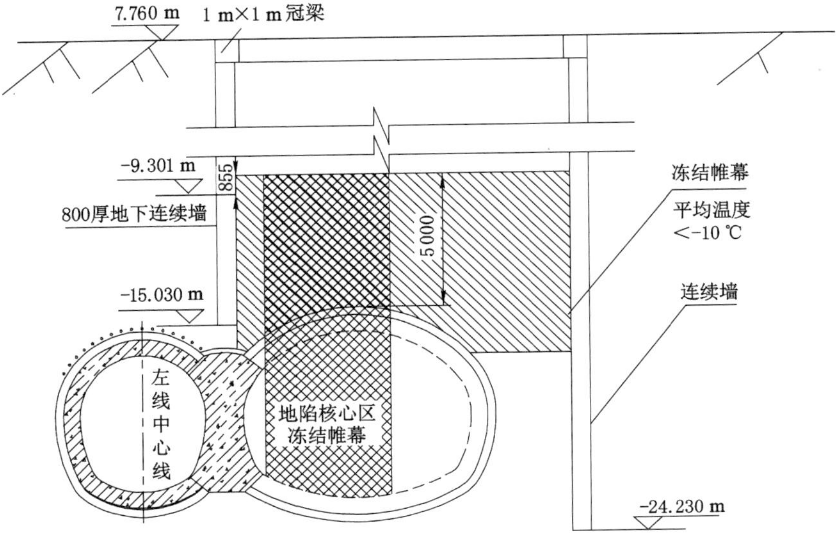


图 6-64　冻结范围的断面图(C—C 断面)

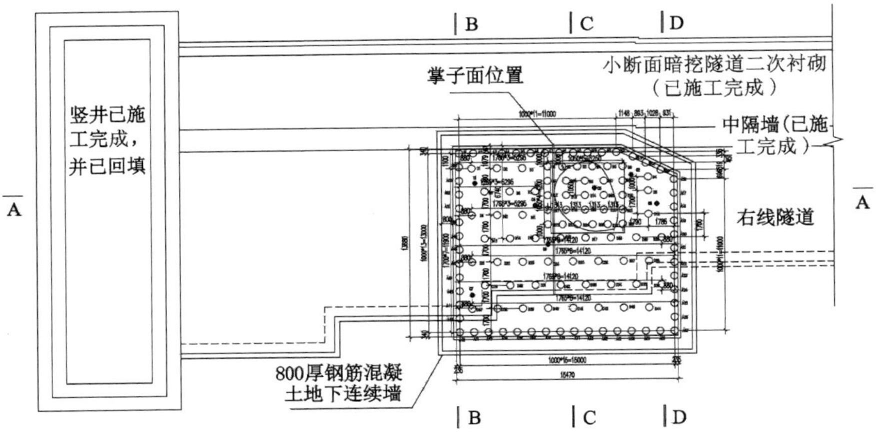


图 6-65　冻结孔的平面布置图

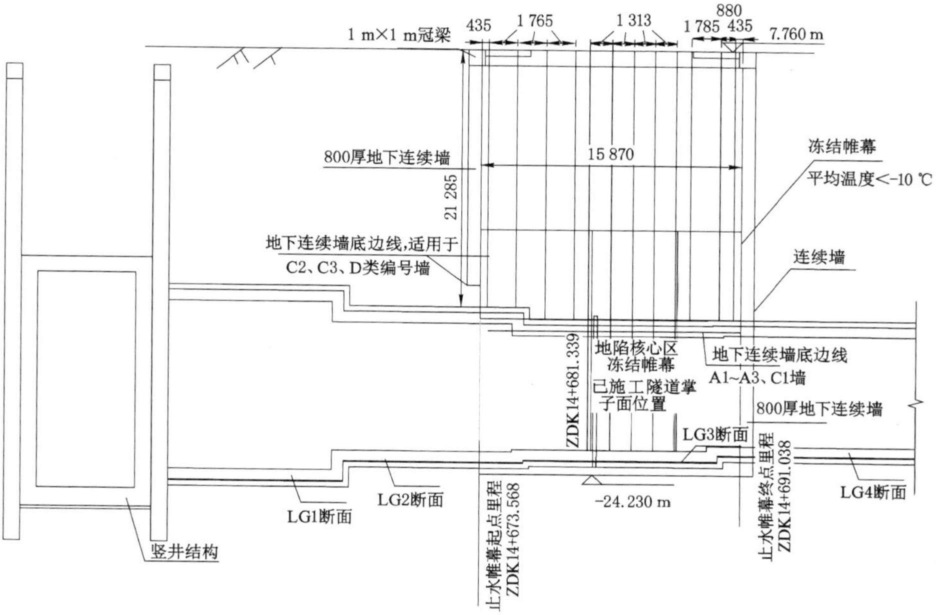


图 6-66　冻结孔布置侧视图(A—A 断面)

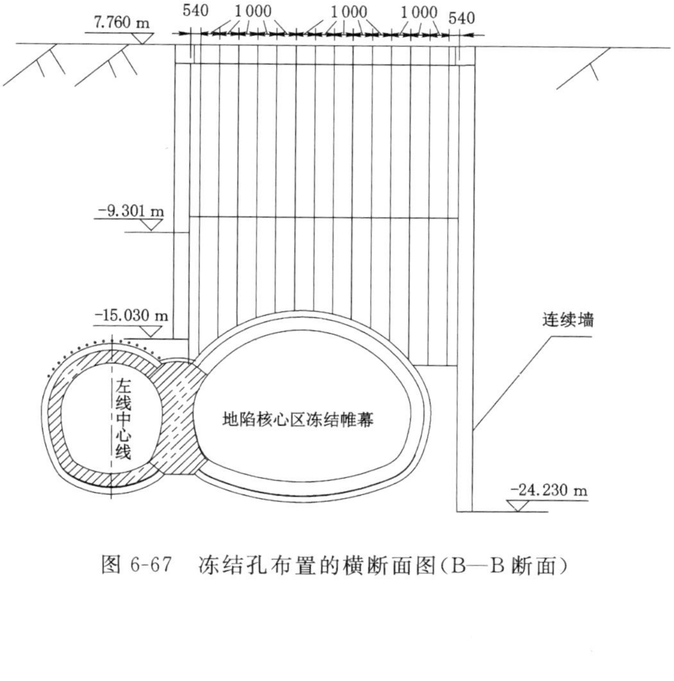


图 6-67　冻结孔布置的横断面图(B—B 断面)

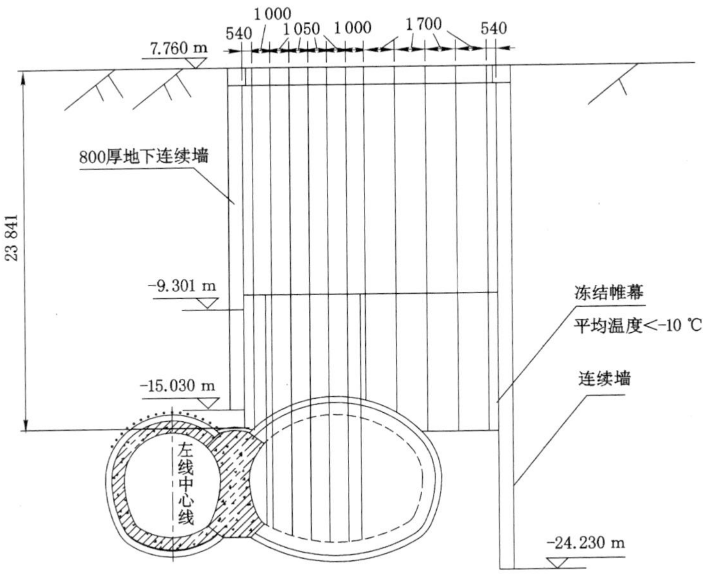


图 6-68　冻结孔布置的横断面图(C—C 断面)

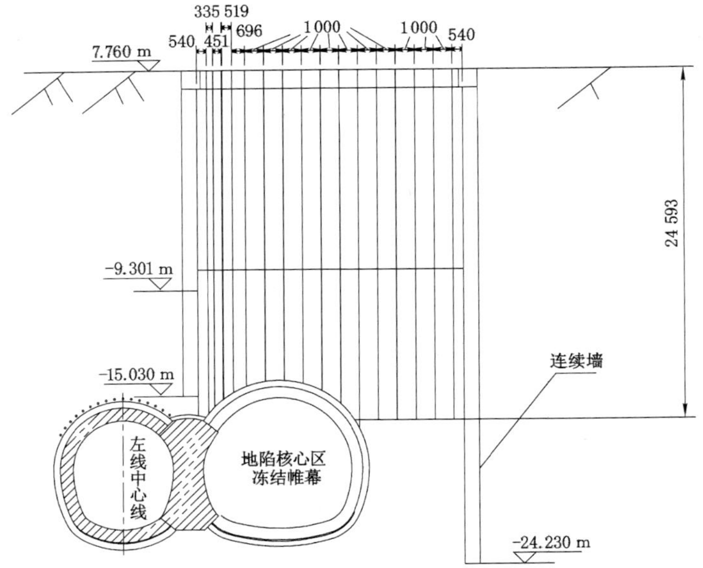


图 6-69　冻结孔布置的横断面图(D—D 断面)

部位的温度发展状况，以便综合采用相应控制措施，确保施工的安全。测温孔管材选用 $\phi$133 mm×4.5 mm 的 20# 低碳钢无缝钢管。

(3) 制冷系统设计

① 冻结需冷量计算

$$Q = 1.2\pi dHK$$

式中　$H$——冻结区总长度，取 1 149 m(非冻结区长度 1 900 m)；

$d$——冻结管直径，取 133 mm；

$K$——冻结管散热系数，取 260 kcal/(m$^2$·h)。

计算得冻结加固时需冷量为 2.45×10$^5$ kcal/h(非冻结区冷量按 50%损失计)。

② 冻结站设置、机组选型及数量

冻结站选用 W-YSLGF300Ⅱ型螺杆冷冻机 4 台(其中 1 台备用)，机组制冷量为 8.75×10$^4$ kcal/h，电机功率为 110 kW。

③ 参数选取

冻结管选用 $\phi$133 mm×4.5 mm 无缝钢管；积极冻结期盐水温度为−30～−28 ℃，维护冻结期盐水温度为−28～−25 ℃；盐水密度为 1.26 g/cm$^3$；冻结管内盐水流量为 5 m$^3$/h；冻结管散热能力为 260 kcal/(m$^2$·h)；冷量损失系数为 1.2。

④ 盐水系统

盐水干管、集配液圈选型：$\phi$159 mm×6 mm 无缝钢管加工制作；氯化钙(80%晶体)总用量为 15 t；盐水泵选型：选用 2 台 IS150-125-315 型离心式水泵，流量为 200 m$^3$/h，电机功率为 30 kW。

⑤ 清水系统

清水管用 $\phi$133 mm×4.5 mm 无缝钢管加工制作；选用容积为 18 m$^3$清水箱 1 个；新鲜水补充流量为 30 m$^3$/h。设备选型：选用 2 台 IS150-125-315 型离心式水泵，流量为 200 m$^3$/h，电机功率为 30 kW；选用 2 台 LBN-100 型冷却塔。

冻结方案设计参数如表 6-7 所示。

**表 6-7　冻结方案设计参数表**

| 序号 | 项目名称 | | 单位 | 参数 | 备注 |
|---|---|---|---|---|---|
| 1 | 冻结帷幕 | 冻结长度 | m | 14.7 | |
| | | 冻结宽度 | m | 13.0 | |
| | | 冻结厚度 | m | 5～13 | |
| | | 冻结平均温度 | ℃ | ≤−10 | |

表 6-7(续)

| 序号 | 项目名称 | | 单位 | 参数 | 备注 |
|---|---|---|---|---|---|
| 2 | 冻结孔 | 孔间距 | m | 1～1.9 | 冻结管 $\phi$133 mm×4.5 mm |
| | | 单孔长度 | m | 23～30 | 125 个 |
| | | 冻结孔总长度 | m | 2 900 | 冻结区长度为 1 149 m |
| 3 | 测温孔 | 单孔长度 | m | 23～30 | 测温管 $\phi$133 mm×4.5 mm |
| | | 测温孔总长度 | m | 300 | 7 个孔 |
| 4 | 盐水系统(氯化钙溶液，密度为 1.26 g/cm$^3$) | 盐水温度 | ℃ | －30～－25 | 供液管 $\phi$45 mm×3.5 mm |
| | | 单孔流量 | m$^3$/h | ＞5 | |
| 5 | 冷却水系统 | 清水温度 | ℃ | 20～30 | 管路 $\phi$133 mm×4.5 mm |
| 6 | 积极冻结时间 | | d | 40 | 冻结帷幕形成期 |
| 7 | 需冷量 | | kcal/h | 2.45×10$^5$ | |

### 6.4.6 冻结施工

(1) 钻孔施工

① 依据施工基准点，按冻结孔施工图进行冻结孔孔位放线，孔位误差不大于 100 mm。

② 正常情况下，采用泥浆正循环，安装牙轮钻头钻进。如果遇到较硬的障碍物钻进困难时，改用金刚石钻头钻进。

③ 钻进过程中监测孔偏斜情况，发现偏斜要及时纠偏，下好冻结管后，进行冻结管长度的复测，然后再用灯光测斜仪进行测斜并绘制钻孔偏斜图。

④ 冻结管之间采用外管箍焊接连接，要求连接时保证其同心度、焊接强度及密封性能。

⑤ 在冻结管内下供液管，然后焊接冻结管端盖和去回路羊角。

(2) 钻孔质量技术要求

① 冻结孔钻进深度应不小于设计深度，不参与制冷循环的长度不大于 150 mm。

② 钻孔的偏斜控制在 200 mm 以内。

③ 冻结孔终孔最大允许间距：帷幕塌陷核心区边线处冻结孔为 1.25 m，中间冻结区处为 1.9 m。超出允许间距的，可进行补孔或延长冻结时间进行处理。

④ 冻结管长度和偏斜合格后再进行打压试漏，压力控制在 0.8 MPa，前

15 min 压力损失小于 0.05 MPa，后 30 min 压力稳定无变化者为试压合格。试压不合格的，可拔出冻结管重新安装。

(3) 钻孔质量控制程序

钻孔质量控制程序如图 6-70 所示。

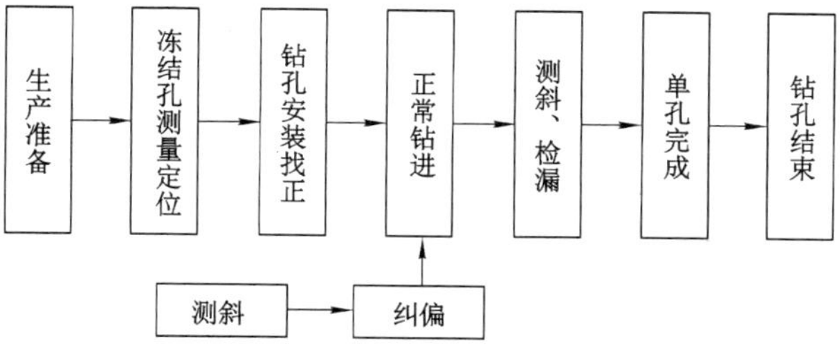


图 6-70　钻孔质量控制程序图

(4) 积极冻结及维护冻结

此阶段为冻结帷幕的形成阶段，要求冻结孔单孔流量不小于 5 $m^3/h$；积极冻结 7 d 盐水温度降至－20 ℃以下，积极冻结 15 d 盐水温度降至－24 ℃以下，去回路温差不大于 2 ℃；开挖前盐水温度降至－30 ℃以下。如盐水温度和盐水流量达不到设计要求，应延长积极冻结时间。

在积极冻结过程中，要根据实测温度资料判断冻结帷幕是否交圈和达到设计厚度，同时要监测冻结帷幕与隧道的胶结情况，通过测温判断冻结帷幕交圈并达到设计厚度后，方可进入维护冻结阶段。

维护冻结期温度为不低于－25 ℃，冻结时间贯穿隧道开挖支护始终。

(5) 冻结效果及检测方法

① 盐水温度必须达到设计温度，不高于－25 ℃，各冻结孔内回路温度差异小于 2 ℃，去回路温度差控制在 5 ℃之内。

② 测温孔内温度达到相应位置冻结温度要求，通过实测计算冻结帷幕厚度达到预期要求，冻结帷幕强度达到设计值。

③ 冻结达到要求后，在竖井中进行分阶段试抽水，观察水位上升情况，对是否有大量漏水进行排查。排除潜在风险后再进行大量抽水和清理工作。

④ 开挖过程中，每天定时多次对冻结面进行外观检查和定点定时对开挖面温度和变形情况进行跟踪测量，做好预警工作。

### 6.4.7　冻胀控制施工

冻结加固地层上部为大量的回填土、下部为风化岩层，同时经过注浆充填和混凝土回填，参与冻结的细粒土大大减少，预期冻胀量不是很大。因冻结周边为民房、交通道并有很多管线，需进一步采取措施控制产生的冻胀量。

采取的措施主要有如下几点：

(1) 对预加固范围内的土体预注浆进行土体改良，冻结区的冻胀和后期的融沉量将变得很小。本工程在前期已加固区进行了大量的充填注浆，土体得到了改良，土体的冻胀量和融沉量将变小，对工程十分有利。

(2) 采用连续控温模式对冻结温度进行动态调节，控制冻结帷幕体在一定的范围之内，减小冻胀量。

# 参考文献

[1] 邴慧，何平，杨成松，等. 开放系统下硫酸钠盐对土体冻胀的影响[J]. 冰川冻土，2006，28(1)：126-130.

[2] 蔡海兵，程桦，彭立敏，等. 地铁双线隧道水平冻结位移场的模型试验[J]. 岩石力学与工程学报，2009，28(10)：2088-2095.

[3] 陈湘生，濮家骝，罗小刚，等. 土壤冻胀离心模拟试验[J]. 煤炭学报，1999，24(6)：615-619.

[4] 程知言，颜庭成，秦江红. 上海软土人工冻结热力学性质研究[J]. 地质与勘探，2005，41(2)：90-92.

[5] 耿萍，晏启祥，何川，等. 隧道水平冻结施工过程的数值模拟[J]. 工程力学，2010，27(5)：122-127.

[6] 建设综合勘察研究设计院. 岩土工程勘察规范(2009 年版)：GB 50021—2001[S]. 北京：中国建筑工业出版社，2009.

[7] 靳巍巍，陈有亮，李磊，等. 隧道联络通道冻结法施工三维有限元温度场分析[J]. 上海大学学报(自然科学版)，2008，14(1)：85-90.

[8] 柯敏，袁业飞. 地铁建设中的“弯道超越”：武汉地铁 2 号线技术攻关纪事[J]. 中华建设，2012(5)：20-23.

[9] 李方政. 液氮冻结技术在地铁泵房排水管修复工程中的应用[J]. 施工技术，2007，36(7)：31-33.

[10] 李开文，毛勇，孙闯，等. 越江隧道联络通道冻结法施工力学模拟分析[J]. 长江科学院院报，2011，28(7)：57-61.

[11] 李萍，徐学祖，陈峰峰. 冻结缘和冻胀模型的研究现状与进展[J]. 冰川冻土，2000，22(1)：90-95.

[12] 李兴龙，彭立敏，吴涛，等. 盾构隧道联络通道施工力学行为数值模拟分析[J]. 铁道标准设计，2009(4)：102-105.

[13] 刘为民，何平，张钊. 土体导热系数的评价与计算[J]. 冰川冻土，2002，24(6)：770-773.

[14] 罗小刚,陈湘生,吴成义. 冻融对土工参数影响的试验研究[J]. 建井技术,2000,21(2):24-26.

[15] 吕善国,岳丰田. 地铁换乘站水平冻结压力的监测与分析[J]. 盐城工学院学报(自然科学版),2004,17(2):29-31.

[16] 乔京生,陶龙光,弭尚银. 地铁隧道水平冻结施工地表变形特性的模拟研究[J]. 岩石力学与工程学报,2004,23(15):2643-2646.

[17] 覃伟,杨平,金明,等. 地铁超长联络通道人工冻结法应用与实测研究[J]. 地下空间与工程学报,2010,6(5):1065-1071.

[18] 谭贤君,褚以惇,陈卫忠,等. 考虑冻融影响的岩土类材料导热系数计算新方法[J]. 岩土力学,2010,31(S2):70-74.

[19] 王晖,竺维彬. 软土地层地铁盾构隧道联络通道冻结法施工控制技术研究[J]. 现代隧道技术,2004,41(3):17-21.

[20] 王建平. 人工冻土冻胀融沉规律的研究[D]. 徐州:中国矿业大学,1999.

[21] 杨平,袁云辉,佘才高,等. 南京地铁集庆门盾构隧道进洞端头人工冻结加固温度实测[J]. 解放军理工大学学报(自然科学版),2009,10(6):591-596.

[22] 杨平,张婷. 人工冻融土物理力学性能研究[J]. 冰川冻土,2002,24(5):665-667.

[23] 尹珍珍,陈有亮,王鹏. 上海人工冻结黏土单轴无侧限抗压强度试验研究[J]. 岩土力学,2012,33(3):788-792.

[24] 岳丰田,仇培云,杨国祥,等. 复杂条件下隧道联络通道冻结施工设计与实践[J]. 岩土工程学报,2006,28(5):660-663.

[25] 岳丰田,张勇,杨国祥,等. 隧道联络通道冻结位移场模型试验研究[J]. 中国矿业大学学报,2005,34(2):209-212

[26] 岳丰田. 冻土与结构相互作用及冻胀融沉关键技术研究[D]. 徐州:中国矿业大学,2009.

[27] 岳丰田. 水平冻结冻胀融沉规律研究及其在地铁穿越工程中的应用[D]. 徐州:中国矿业大学,2009.

[28] 曾涛. 应用液氮冻结技术修复软土地基中的地铁隧道[J]. 煤炭科学技术,2010,38(6):41-43,60.

[29] 张军,李慕涵,胡向东. 含盐地层冻土帷幕安全状态判断方法的工程应用[J]. 地下空间与工程学报,2010,6(1):189-192.

[30] 张志,张勇,陆路,等. 冻结法在强扰动地层地铁联络通道施工中的应用

[J]. 隧道建设,2011,31(1):114-120.

[31] 张志强,何川. 用冻结法修建地铁联络通道施工力学研究[J]. 岩石力学与工程学报,2005,24(18):3211-3217.

[32] 郑波,张建明,常小晓,等. 广州地铁隧道冻结工程冻土力学特性试验研究[J]. 地下空间与工程学报,2007,3(5):893-897,908.

[33] 周国庆. 饱水砂层中结构的融沉附加力研究[J]. 冰川冻土,1998,20(2):120-123.

[34] EVERETT D H. The thermodynamics of frost damage to porous solids [J]. Transactions of the faraday society, 1961,57:1541-1551.

[35] GIODA G, LOCATELLI L, GALLAVRESI F. A numerical and experimental study of the artificial freezing of sand [J]. Canadian geotechnical journal,1994,31(1):1-11.

[36] TALAMUCCI F. Freezing processes in porous media: formation of ice lenses, swelling of the soil[J]. Mathematical and computer modelling, 2003,37(5):595-602.